Historias estadounidenses

101 historias fascinantes sobre eventos importantes y personas del pasado de los Estados Unidos

Tabla de contenidos

Introducción

Adéntrese en el fascinante tapiz de la historia de los Estados Unidos, una crónica que entrelaza triunfos, tribulaciones, momentos de cambio explosivo y coraje silencioso. Cada capítulo de esta extraordinaria narración revela eventos fundamentales que han dado forma a los Estados Unidos tal como los conocemos hoy, desde los duros comienzos de la era colonial hasta el amanecer de una nueva nación y la implacable marcha hacia el progreso. Adéntrese en fascinantes historias de exploración, guerras que remodelaron continentes, movimientos sociales que desafiaron el statu quo y avances innovadores que impulsaron a la nación hacia la era moderna.

Prepárate para un viaje a través del tiempo donde descubrirá una intrigante colección de hechos, historias interesantes y personajes fascinantes de la historia de los Estados Unidos.

Sección 1: Del misterio de Roanoke a una nueva nación; viaje a través de la historia temprana de Estados Unidos

A finales del siglo XVI y principios del XVII, América fue testigo de importantes acontecimientos históricos que sentaron las bases de su futuro. Estos momentos relevantes, desde la misteriosa desaparición de la colonia de Roanoke hasta el establecimiento de Jamestown en Virginia, dieron forma a la historia de Estados Unidos.

Estas historias sobre las Trece Colonias arrojarán nueva luz sobre una parte de la historia estadounidense que tiende a descartarse por parecer aburrida. Descubra por qué estos eventos formativos marcan el camino de Estados Unidos para convertirse en una nación independiente.

1. La colonia de Roanoke fue fundada en 1585. Fue el primer asentamiento inglés en América del Norte, pero esta colonia frente a la costa de Carolina del Norte fue de corta duración. Cuando llegó el siguiente barco cinco años después, la gente que vivía allí había desaparecido misteriosamente.

    Dirigida por el gobernador John White, la colonia tenía como objetivo convertirse en el primer asentamiento inglés permanente en el Nuevo Mundo. White se dio cuenta de que los colonos no podrían sobrevivir sin suministros adicionales. En 1587, White regresó a Inglaterra. El viaje fue duro para su tripulación, y varios hombres murieron en el viaje. Al regresar a Inglaterra, se encontraron con más problemas. Inglaterra y España estaban en guerra entre sí. White no volvería a Roanoke en el corto plazo.

Cuando White regresó a Roanoke en 1590, encontró la colonia completamente abandonada. Las únicas pistas sobre su destino eran las palabras "CROATOAN" talladas en un árbol y "CRO" grabadas en el poste de la puerta del fuerte.

Lo que le sucedió a la colonia es un misterio hasta el día de hoy. El destino de los colonos de Roanoke fascina a los historiadores y ha alimentado especulaciones durante siglos.

Algunos sugieren que los colonos se trasladaron a la isla de Croatoan (actual isla de Hatteras). Esta hipótesis está respaldada por las inscripciones dejadas en Roanoke y la existencia de una tribu conocida como los croatanes que habitaban la isla en ese momento. Otros proponen que los colonos se fusionaron con las tribus nativas americanas locales, asimilando sus culturas y abandonando su identidad inglesa. Otros creen que los colonos fueron aniquilados por los ataques de los nativos americanos. ¡Y algunas de las teorías más inverosímiles hablan de extraterrestres!

Además de este misterio, la colonia de Roanoke es conocida por otra razón. Virginia Dare nació en Roanoke en 1587, la primera niña nacida en Inglaterra. Era nieta de John White. Por supuesto, no se sabe nada sobre su vida desde que los colonos desaparecieron misteriosamente, pero muchos lugares en los Estados Unidos, especialmente en Carolina del Norte, han recibido su nombre.

2. ¿Sabía que los primeros colonos de Jamestown tuvieron que recurrir al canibalismo para poder sobrevivir?

Jamestown se estableció en 1607 y se convirtió en el primer asentamiento inglés permanente de América del Norte. Jamestown fue fundada en la actual Virginia por la Virginia Company of London, una sociedad anónima que buscaba oportunidades económicas y un punto de apoyo en el Nuevo Mundo.

Cuando los colonos llegaron a Jamestown, era demasiado tarde para plantar cultivos. La región también estaba experimentando una de las peores sequías de su historia. Era tan grave que incluso afectó a la tribu local Powhatan. Sin embargo, hicieron un intento de ganarse la vida. Al año siguiente, llegaron barcos de suministros con ayuda y más bocas hambrientas para alimentar.

Al comienzo del largo invierno de 1609, había alrededor de quinientos colonos en Jamestown. Para cuando terminó el invierno, solo quedaron sesenta y uno. ¿Qué pasó? Simplemente no había suficiente comida para toda la gente. El plan había sido intercambiar alimentos con los nativos americanos, y habían cultivado un pequeño número de cultivos. Aunque establecieron un contacto amistoso con los nativos americanos, eso terminó cuando John Smith fue enviado de regreso a Inglaterra después de resultar herido en un accidente con pólvora.

La gente comía gatos, perros, ratas, e incluso se comían entre sí para sobrevivir al invierno. George Percy, un colono en Jamestown, declaró: "Los vivos desenterraron y comieron cadáveres, y un marido mató a su esposa y luego la masacró, la preservó con sal y se comió partes de ella antes de ser atrapado". La evidencia arqueológica confirma que el canibalismo tuvo lugar durante lo que ahora se conoce como el Tiempo del Hambre.

Aunque ese invierno fue increíblemente duro y diezmó la población de la colonia, en 1610 llegó más gente. Una vez que el tabaco comenzó a exportarse en 1612, más personas acudieron a la colonia para obtener beneficios de esta empresa rentable. Jamestown fue la piedra angular de la colonización británica y fue fundamental en la construcción de la historia estadounidense.

3. Los primeros esclavos africanos fueron llevados a Virginia en agosto de 1619. Un barco holandés trajo a unas veinte personas esclavizadas a Jamestown, convirtiéndose en uno de los primeros casos de trabajo forzoso y esclavitud dentro de lo que sería Estados Unidos. La esclavitud se arraigaría profundamente en la economía del Sur, dando forma a sus prácticas agrícolas, dinámicas sociales y panorama político.

El Pasaje del medio era la segunda etapa del comercio transatlántico de esclavos. Los africanos eran sacados a la fuerza de sus hogares y transportados a las Américas. Su viaje se caracterizó por una crueldad y un sufrimiento inimaginables. Los africanos estaban sujetos a condiciones horrendas, y viajaban apretados en las bodegas de los barcos de esclavos. A menudo iban encadenados, desnutridos y se les negaba el saneamiento básico. El viaje estuvo plagado de enfermedades, hacinamiento y tormento psicológico, y muchos perecieron antes de llegar a su destino. Al menos dos millones de africanos murieron mientras viajaban por el Pasaje del medio.

La brutal realidad del comercio transatlántico de esclavos se retrata vívidamente en el drama histórico de 1997 *Amistad*, dirigido por Steven Spielberg. La película cuenta la historia real de un grupo de africanos esclavizados que se amotinaron a bordo del barco de esclavos *Amistad* y finalmente se encontraron en una batalla legal por su libertad. Ganaron, lo que ayudó a impulsar el movimiento abolicionista.

La miniserie de televisión de 1977 *Roots*, basada en la novela de Alex Haley, ofrece una visión más amplia y completa de la experiencia de la esclavitud. La miniserie sigue la vida de Kunta Kinte, un joven mandinka de África occidental que es capturado y vendido como esclavo en los Estados Unidos. *Roots* describe las duras realidades de la vida en las plantaciones, incluyendo el brutal trabajo que los esclavos se vieron obligados a soportar, la separación de las familias y la constante amenaza de violencia. También explora la resiliencia y la fuerza de la comunidad esclavizada, su espíritu inquebrantable y su determinación de mantener su identidad cultural.

4. En 1620, un grupo conocido como "los Peregrinos" buscó la libertad religiosa y se estableció en Plymouth Rock después de su viaje a bordo del *Mayflower*. Mientras aún estaban a bordo del barco, firmaron un acuerdo de autogobierno llamado "Pacto de Mayflower". El Pacto de Mayflower marcó un punto de inflexión en la historia de Estados Unidos, estableciendo una base para el autogobierno y los ideales democráticos que darían forma al desarrollo de la nación.

Sin embargo, los primeros años para los peregrinos fueron complicados. Un invierno brutal diezmó sus filas, dejándolos débiles y al borde de la inanición. Squanto, un hombre Patuxet que hablaba inglés con fluidez y que había sido secuestrado y regresado a su tribu años antes, se convirtió en un enlace vital, enseñando a los Peregrinos a pescar, cultivar y navegar por el paisaje implacable.

Después de una agotadora temporada de cosecha, el gobernador William Bradford propuso una fiesta de tres días para expresar gratitud por su nueva supervivencia y forjar un vínculo más fuerte con sus aliados Wampanoag. El jefe Massasoit y su gente se unieron a las festividades, trayendo ciervos, calabazas y bayas secas para compartir junto con el pavo salvaje, las almejas y la cerveza de sasafrás casera de los peregrinos. Las risas y las historias compartidas llenaban el aire mientras jugaban juegos y cantaban canciones en lenguas familiares y desconocidas.

Esto no fue solo una fiesta de celebración; fue un movimiento estratégico. La comida compartida simbolizaba un frágil tratado de paz basado en la dependencia mutua y la amistad cautelosa. Si bien los años futuros serían testigos de conflictos y tensiones, este momento en Plymouth ofrecía una esperanza parpadeante de coexistencia entre dos culturas que habían chocado en costas extranjeras.

Este espíritu de gratitud y unidad compartidas resonó con el presidente Abraham Lincoln durante la guerra civil, lo que lo llevó a declarar el primer Día de Acción de Gracias nacional en 1863. Casi doscientos años después, en 1942, el presidente Franklin D. Roosevelt trasladó el Día de Acción de Gracias del último jueves de noviembre al cuarto jueves, un cambio que sigue vigente hoy. Estas proclamaciones reflejaron la importancia evolutiva del Día de Acción de Gracias, que pasó de ser una celebración local de la cosecha a una fiesta nacional que simbolizaba la unidad, la gratitud y los valores compartidos que unen a los estadounidenses.

El primer Día de Acción de Gracias en Plymouth por Jennie A. Brownscombe (1914)
https://commons.wikimedia.org/wiki/File:Thanksgiving-Brownscombe.jpg

5. En 1630, los puritanos dirigidos por John Winthrop se establecieron en una nueva colonia llamada la Colonia de la Bahía de Massachusetts, su centro era Boston . Su objetivo era crear una "ciudad en una colina", una especie de "luz guía". La colonia tuvo influencia durante la era colonial temprana.

Bajo el liderazgo de Winthrop, los puritanos establecieron una estricta orden social y religiosa basada en su interpretación de la Biblia. Creían que Dios los había elegido para crear una "Nueva Inglaterra" que sería un brillante ejemplo de virtud cristiana.

A pesar de que los puritanos salían de Inglaterra para poder adorar a su antojo, no eran muy tolerantes con los demás. A medida que llegaba más gente, algunas personas no estaban de acuerdo con sus creencias y prácticas. Los puritanos no estaban contentos con este giro de acontecimientos. Uno de los ejemplos más conocidos es la actitud y las acciones puritanas hacia la Sociedad Religiosa de Amigos, más comúnmente conocida como los cuáqueros.

La llegada de los cuáqueros a Massachusetts en la década de 1650 fue recibida con hostilidad por parte de las autoridades puritanas. Las creencias de los cuáqueros, que divergían de la estricta ortodoxia puritana, se consideraban una amenaza para el orden establecido. El pacifismo de los cuáqueros, el rechazo del clero formal y el énfasis en la experiencia interior se consideraban peligrosos y subversivos.

En respuesta, la Colonia de la Bahía de Massachusetts aprobó una serie de leyes contra los cuáqueros, prohibiéndoles entrar en la colonia, asistir a reuniones cuáqueras o publicar literatura cuáquera. Los cuáqueros que violaban estas leyes estaban sujetos a multas, azotes e incluso destierro.

El castigo más severo estaba reservado para aquellos que ingresaban a la colonia, pero que en realidad no vivían allí. En 1659, cuatro cuáqueros, Mary Dyer, Marmaduke Stephenson, William Robinson y William Leddra, fueron ejecutados en la horca por regresar a Massachusetts después de ser desterrados. Sus muertes marcaron el clímax de la persecución cuáquera en Massachusetts.

La Ley de Tolerancia de 1689 (aprobada por el Parlamento inglés) puso fin a la persecución de los cuáqueros en Massachusetts. La ley otorgó tolerancia a todos los protestantes, incluidos los cuáqueros, y prohibió al gobierno de Massachusetts aprobar leyes que interfirieran con la libertad religiosa.

6. Es posible que haya notado que los católicos no estaban incluidos en la lista al discutir la Ley de Tolerancia. La Reforma cambió muchas cosas en Inglaterra, incluida la religión del estado. En 1632, Maryland fue fundada como un refugio para los católicos, que estaban siendo perseguidos en Inglaterra.

Cecil Calvert, también conocido como Lord Baltimore, estableció Maryland como una colonia propietaria para crear un espacio seguro para que los católicos practicaran su religión libremente. Si bien los puritanos a menudo se citan como pioneros de la libertad religiosa, la Colonia de Plymouth y la Colonia de la Bahía de Massachusetts no eran tolerantes con los católicos.

En 1649, la Asamblea General de Maryland aprobó la Ley de Tolerancia de Maryland, que otorgaba libertad religiosa a todos los cristianos que creían en la Trinidad. Esta fue una legislación innovadora en ese momento, ya que la mayoría de las otras colonias estaban dominadas por puritanos, y la mayoría eran muy hostiles contra el catolicismo.

La Ley de Tolerancia de Maryland no estaba exenta de limitaciones. Solo se aplicaba a los cristianos y no garantizaba la igualdad de derechos para todos los grupos religiosos. Sin embargo, fue un paso significativo en términos de tolerancia religiosa en el Nuevo Mundo.

Muchas personas creen que Maryland, que fundada como un lugar seguro para los católicos, recibió el nombre de la Virgen María o incluso de la Reina María I, pero no fue así. Lleva el nombre de la esposa del rey Carlos I, Enriqueta María, hija del rey Enrique IV de Francia y la reina María de Médicis. Enrique IV estaba familiarizado con los conflictos religiosos en su país, y se había convertido al catolicismo para convertirse en rey durante un tiempo de extrema tensión religiosa.

7. Con el paso de los años, surgieron conflictos entre los colonos europeos y las tribus nativas americanas sobre las disputas por la tierra, la competencia por los recursos y el comercio, y las diferencias culturales. La guerra Pequot fue un claro ejemplo. Esta guerra tuvo profundas implicaciones para las relaciones entre los colonizadores y los pueblos indígenas de Nueva Inglaterra.

Por un lado estaban los colonos ingleses, representados por la Colonia de la Bahía de Massachusetts, la Colonia de Plymouth y la Colonia de Saybrook (una colonia inglesa en Connecticut). Estos colonos estaban dirigidos por figuras como John Mason y John Endecott, y buscaban expandir su territorio y afirmar su dominio sobre la región.

Por otro lado estaban los Pequots, una poderosa tribu nativa americana que controlaba un vasto territorio en el actual sureste de Connecticut. Estaban dirigidos por los sachems (líderes tribales) Sassacus y Wequashcuk, uno de los primeros nativos americanos convertidos al cristianismo. Los Pequots buscaron proteger sus tierras ancestrales y resistir la creciente presencia colonial.

La guerra comenzó en serio en 1636 cuando los Pequot atacaron a un grupo de colonos ingleses cerca de Mystic, Connecticut. En respuesta, los colonos lanzaron una serie de ataques brutales contra las aldeas pequot, que culminaron en la infame masacre de Mystic.

El pueblo de Pequot, ubicado en el río Mystic, solo tenía dos salidas. Los ingleses y sus aliados nativos americanos, molestos con los actos de los Pequot, bloquearon ambas salidas y prendieron fuego la aldea. Los únicos sobrevivientes en Pequot fueron los guerreros que lograron escapar. Este evento, en el que fueron asesinados cientos de hombres, mujeres y niños de Pequot, marcó un punto de inflexión en la guerra.

Para finales de 1637, los Pequot habían desaparecidos en gran medida. La tribu fue diezmada. Las estimaciones sugieren que alrededor de setecientos pequots habían sido asesinados, mientras que los ingleses sufrieron alrededor de setenta bajas. Cientos de pequots fueron vendidos como esclavos, y algunos pequots fueron entregados a tribus que se habían aliado con los ingleses.

La guerra tuvo un profundo impacto en las relaciones entre los colonos ingleses y las tribus nativas americanas de Nueva Inglaterra, y preparó el escenario para nuevos conflictos y desplazamientos en la región.

Esta guerra también demuestra lo que les sucedió a muchas tribus nativas americanas. Sin embargo, a diferencia de algunas tribus, los Pequots todavía existen hoy en día. Gran parte de su cultura, incluido su idioma, había sido suplantada por el inglés. Hoy en día, los Pequot están haciendo esfuerzos para preservar su cultura, hasta llevan a cabo análisis de documentos para encontrar datos sobre su idioma.

8. La guerra del Rey Felipe, también conocida como la guerra de Metacomet, la Primera Guerra India o la Gran Guerra de Narragansett, fue el conflicto más brutal entre europeos y nativos americanos durante la era colonial. Estalló en 1675 cuando Metacomet, el sachem Wampanoag, creó una amplia alianza de tribus nativas americanas para resistir las políticas expansionistas de los colonos ingleses en Nueva Inglaterra. Metacomet era conocido como "rey Felipe" por los ingleses.

Los recuerdos de la guerra permanecen en un profundo resentimiento por parte de los nativos americanos hacia la invasión de los colonos ingleses. Los asentamientos ingleses interrumpieron sus tradicionales zonas de caza y pesca, y la imposición de prácticas religiosas y culturales chocaba con sus costumbres.

La guerra duró más de un año, de 1675 a 1676, y dejó un rastro de muerte y destrucción en ambos lados. A pesar de su potencia de fuego y número superiores, los colonos ingleses lucharon bastante por someter a la resistencia de los nativos americanos.

El punto de inflexión llegó en diciembre de 1675 cuando los ingleses lanzaron un ataque sorpresa contra la fortaleza fortificada de los Narragansetts en la Gran Lucha del Pantano. El foso del asentamiento se había congelado en el frío clima de diciembre. Los ingleses pudieron cruzar el foso fácilmente e incendiar el asentamiento.

Muchos consideran que el ataque fue una masacre, cientos de nativos americanos fueron asesinados, incluidas muchas mujeres y niños. Muchos nativos americanos corrieron hacia el pantano helado, donde morían a causa de sus heridas y el frío.

Este golpe devastador paralizó la alianza de los nativos americanos, y la guerra se volvió gradualmente a favor de los ingleses. En la primavera de 1676, la mayor parte de la resistencia de los nativos americanos había sido aplastada.

La guerra del Rey Felipe fue uno de los conflictos más brutales de la historia de Estados Unidos, con un estimado de 3000 a 6000 nativos americanos y más de 2000 colonos ingleses asesinados. La guerra también resultó en el desplazamiento de muchas tribus nativas americanas y la destrucción de sus aldeas y comunidades.

Una ilustración de la Gran Lucha del Pantano

9. El Caso Elizabeth Key fue un procedimiento legal histórico que tuvo lugar en la Colonia de Virginia a mediados del siglo XVII. Tuvo implicaciones significativas para el estatus legal de las personas esclavizadas y el desarrollo de la esclavitud racializada en la América colonial.

Elizabeth Key, también conocida como Elizabeth Key Grinstead, nació en la colonia de Virginia en la década de 1630, hija de un inglés llamado Thomas Key y una esclava africana llamada Joan. Inicialmente, se la consideraba una sirvienta contratada. Sin embargo, su estado cambió después de la muerte de su padre. Sus herederos dijeron que Key era una esclava y que ella pertenecía a la finca.

En 1655, Elizabeth Key presentó una demanda por su libertad. Argumentó que no debía ser esclavizada porque su padre era inglés y un hombre libre y porque había sido bautizada como cristiana. Su caso planteó complejas cuestiones legales y morales sobre el estado de las personas de raza mixta y el impacto del bautismo cristiano en la esclavitud.

En 1656, la corte de Virginia falló a favor de Elizabeth Key, declarando que debía ser liberada. El tribunal reconoció el principio del Derecho anglosajón, que no reconocía la servidumbre perpetua. Según la ley inglesa, el estado de un niño generalmente seguía al del padre. Dado que el padre de Elizabeth era un inglés libre, la corte determinó que no podía ser mantenida en servidumbre perpetua.

El bautismo de Isabel como cristiana también se consideró un factor a su favor. Algunos argumentos legales y morales de la época sugerían que los cristianos no debían ser mantenidos en estado de esclavitud.

El caso Elizabeth Key sentó un importante precedente legal en la colonia de Virginia. Estableció que el estado de los niños nacidos de madres esclavizadas podría verse influenciado por el estado de sus padres, especialmente si sus padres eran ingleses libres. Esta distinción entre los hijos de padres ingleses y madres africanas contribuyó al desarrollo gradual de un sistema racializado de esclavitud en la América colonial.

10. Algunas de las historias más interesantes de la historia involucran a piratas. ¿Le sorprendería saber que los piratas formaron parte de la historia colonial estadounidense?

Edward Teach, comúnmente conocido como Barbanegra, fue uno de los piratas más temidos y notorios de principios del siglo XVIII. En 1718, había establecido un bastión en las aguas costeras de las colonias americanas, particularmente alrededor de los Outer Banks (Bancos Externos) y la entrada al Pamlico Sound. La flota de Barbanegra incluía el *Queen Anne's Revenge*, un antiguo barco de esclavos francés que había capturado y armado a gran escala.

Las autoridades coloniales británicas, lideradas por el vicegobernador Alexander Spotswood de Virginia, estaban decididas a poner fin a la piratería de Barbanegra. Spotswood organizó una expedición naval para capturar y matar a Barbanegra y su tripulación. Nombró al teniente Robert Maynard para dirigir esta misión.

Maynard y sus hombres localizaron los barcos de Barbanegra anclados en la ensenada de Ocracoke. En la mañana del 22 de noviembre de 1718, las dos partes se enfrentaron en una feroz batalla. Barbanegra y su tripulación se defendieron con determinación, y la lucha fue brutal e intensa. Durante la batalla, Barbanegra recibió varios disparos y sufrió numerosas heridas. Finalmente, Barbanegra fue asesinado, y su barco, el *Queen*

Anne's Revenge, fue capturado. Las fuerzas de Maynard tomaron prisioneros a varios de los miembros de la tripulación de Barbanegra, mientras que otros murieron en la batalla o escaparon a los pantanos cercanos.

La muerte de Barbanegra marcó una victoria significativa para las autoridades coloniales en sus esfuerzos por combatir la piratería en las aguas costeras del Atlántico. Su cabeza cortada colgaba de la proa del barco de Maynard como evidencia de su fallecimiento. Este evento tuvo un impacto duradero en la percepción de la piratería y la autoridad de los gobiernos coloniales en el Nuevo Mundo. La leyenda de Barbanegra y la historia de su última batalla continúan captando la imaginación de la gente hasta el día de hoy.

Sección 2: De las guerras a la libertad; un viaje a través de la historia de Estados Unidos de 1754 a 1791

Acompáñenos en esta emocionante aventura a través de la historia temprana de Estados Unidos. Descubra los eventos importantes que dieron forma a los Estados Unidos, desde las batallas libradas en la guerra franco-india hasta las heroicas luchas por la independencia en la Guerra Revolucionaria. Sea testigo del nacimiento de una nueva nación con una constitución basada en la libertad.

11. George Washington fue un veterano de algo más que solo la Revolución estadounidense. También luchó en la guerra franco-india entre 1754 y 1763. Aunque la guerra franco-india se considera un teatro de la guerra de los Siete Años, en realidad comenzó antes de estallar en Europa continental.

    Surgieron tensiones entre los británicos y los franceses por la tierra en el valle de Ohio. Se le concedió la tierra a la Compañía Británica de Ohio en Virginia, pero los franceses comenzaron a mudarse allí. Los virginianos estaban preocupados de que los franceses reclamaran. Enviaron a George Washington, de veintiún años, para decirle a los franceses que se fueran.

Washington entregó el mensaje, pero los franceses se negaron a irse. Se le concedió el cargo de teniente coronel y fue enviado de regreso a la frontera con una compañía de hombres.

Mientras tanto, los franceses enviaron a Joseph Coulon de Villiers de Jumonville con una pequeña unidad de hombres para advertir a Washington que abandonara la zona. Washington y Tanacharison, el líder del pueblo Mingo, descubrieron el campamento francés y decidieron atacarlo.

No se sabe qué sucedió exactamente en la batalla de Jumonville Glen. Las pocas cosas que se saben son que la batalla solo duró alrededor de quince minutos y que la mayoría de los franceses fueron asesinados o tomados prisioneros. Jumonville murió en acción. Varios relatos dicen que Tanacharison mató a Jumonville aplastándole el cráneo con un hacha.

Washington trasladó a sus hombres a Fort Necessity, donde fueron atacados por los franceses. Washington finalmente se rindió. En el documento que tuvo que firmar, Washington admitió que Jumonville y sus hombres habían sido asesinados. Jumonville fue enviado a advertir a los británicos que se fueran, no a luchar con ellos. Sin embargo, Washington no sabía leer francés, y su traductor hizo un mal trabajo explicando el documento. Sin embargo, el escenario estaba listo para una guerra.

La guerra franco-india también destacó una mayor participación de las tribus nativas americanas en los asuntos coloniales. Varias tribus, incluida la Confederación iroquesa y la Confederación algonquina, se unieron a los británicos o a los franceses. Las tribus a menudo eran impulsadas por relaciones históricas, intereses comerciales y creencias religiosas. Estas alianzas añadieron otra capa de complejidad a la guerra, influyendo en su curso y demostrando la intrincada dinámica entre las potencias europeas y las naciones nativas americanas.

Francia perdió la guerra, lo que permitió a los británicos expandir su territorio en América del Norte. La guerra también resultaría problemática en el frente económico para Gran Bretaña, que se vio obligada a aumentar los impuestos a los colonos estadounidenses. Estos impuestos no fueron bien recibidos, y los gritos de independencia eventualmente resonarían en todas las Trece Colonias.

12. El 5 de marzo de 1770, ocurrió la Masacre de Boston. Los soldados británicos mataron a cinco colonos durante un enfrentamiento en Boston; una de las víctimas, Crispus Attucks, era un marinero afroamericano que se convirtió en un símbolo de los crecientes disturbios.

En la noche del incidente, una multitud de colonos se reunió cerca de la Aduana, donde los soldados británicos hacían guardia. Varios colonos comenzaron a burlarse de ellos y a arrojarles objetos como piedras y bolas de nieve. Un soldado finalmente disparó su arma, lo que hizo que otros soldados dispararan la suya. Tres personas murieron; otras dos murieron más tarde a causa de sus heridas. Se cree que Crispus Attucks fue la primera persona asesinada en la masacre. Algunos lo consideran la primera víctima de la Revolución estadounidense.

Si bien la masacre es una historia interesante en sí misma, echemos un vistazo a las secuelas de la masacre. John Adams, un joven abogado y un abierto crítico de las políticas británicas, defendía a los soldados británicos. A pesar de la protesta pública y la abrumadora evidencia contra los soldados, Adams creía que estos hombres exigían un juicio justo.

Adams argumentó fuertemente por el derecho de los soldados a la representación legal, afirmando que "cada persona acusada de un delito debe tener el beneficio de un abogado". Aunque no era muy apoyado en ese momento, la defensa de Adams de los soldados británicos le valió el respeto de ambas partes y lo colocó como una mente legal brillante y un defensor de la justicia. Sus acciones durante el juicio solidificaron su reputación como defensor de los derechos del acusado, un legado que seguiría resonando a lo largo de su carrera política.

De los ocho soldados acusados de asesinato, seis fueron absueltos. Dos fueron condenados por homicidio involuntario y marcados en sus manos. Este resultado, aunque controvertido, demostró que incluso en una época de mayores tensiones, los principios de justicia justa podrían prevalecer. Más tarde, Adams firmaría la Declaración de Independencia y se convertiría en el segundo presidente de los Estados Unidos.

13. La Boston Tea Party (Fiesta del té de Boston) fue una protesta contra la Ley del Té Británica de 1773, que otorgó a la Compañía Británica de las Indias Orientales el monopolio de las ventas de té en las colonias americanas e impuso un impuesto al té. En un acto de desafío contra los "impuestos sin representación", los patriotas abordaron los barcos de té británicos y arrojaron el té al puerto de Boston. Más de trescientos cofres de té fueron arrojados al agua, con pérdidas que ascienden a casi dos millones de dólares en la actualidad.

La mayoría de la gente está familiarizada con la Boston Tea Party. Fue un evento famoso en la historia de Estados Unidos que desempeñó un papel fundamental en el período previo a la Revolución estadounidense. Sin embargo, no todo el mundo escuchó hablar de Sarah Bradlee Fulton.

Sarah Bradlee Fulton era la esposa de John Fulton, miembro de los Hijos de la Libertad, una organización secreta que desempeñó un papel clave en la protesta contra los impuestos y las políticas británicas en las colonias americanas. En la noche del 16 de diciembre de 1773, cuando tuvo lugar la Boston Tea Party, Sarah Bradlee Fulton apoyó la causa ayudando a los patriotas en su protesta contra la Ley del Té británica. Se cree que a Sarah se le ocurrió la idea de que los manifestantes se disfrazaran de mohawks. Sarah y otras mujeres ayudaron a crear los disfraces de los hombres. Cosían estos disfraces con mantas y plumas. También ayudaron a pintar las caras de los hombres. Esta brillante idea aseguró que los patriotas pudieran llevar a cabo su acto de desafío sin ser fácilmente reconocidos.

La participación de Sarah Bradlee Fulton en la protesta con la creación de disfraces destaca las contribuciones significativas de las mujeres a la Revolución estadounidense y la causa de la independencia colonial. Sus roles se extendían más allá de las esferas domésticas tradicionales y desempeñaban un papel crucial en los acontecimientos que condujeron a la Revolución estadounidense.

Una litografía del Boston Tea Party

14. El 19 de abril de 1775, estallaron los combates en Lexington y Concord en Massachusetts, marcando el comienzo del conflicto armado entre los milicianos estadounidenses (Minutemen) y las tropas británicas. El famoso escritor Ralph Waldo Emerson describiría más tarde los combates. Llamó a los primeros disparos de la batalla "el disparo que resonó en el mundo". La frase pretende transmitir la idea de que estos disparos no fueron solo una escaramuza aleatoria, sino más bien un evento trascendental que tendría consecuencias de largo alcance.

Las batallas de Lexington y Concord no fueron meras escaramuzas; fueron las salvas iniciales de la guerra de independencia de los Estados Unidos. Bajo el mando del general Thomas Gage, los británicos trataron de apoderarse de los suministros militares de los colonos en Concord. Sin embargo, se encontraron con una feroz resistencia de los Minutemen, un grupo de colonos armados preparados para luchar por su independencia.

Los combates en Lexington y Concord fueron intensos y sangrientos. Los británicos sufrieron grandes bajas: 73 soldados muertos y 174 heridos. Aunque los superaban en número y armamento, los colonos lucharon valientemente, y sufrieron cuarenta y nueve muertes y treinta y nueve heridos.

A día de hoy, nadie está seguro de quién recibió ese primer disparo. Los británicos le dijeron a las milicias estadounidenses que se disolvieran. John Parker, el capitán de la milicia, dijo a sus hombres que se fueran a casa. Sin embargo, había tanta confusión, y personas gritando entre sí, que algunos hombres no se iban o se iban muy lentamente. Finalmente, se oyó un disparo y el resto fue historia.

Estas batallas asestaron un golpe significativo a la moral británica. Los británicos subestimaron la resolución de los colonos, esperaban sofocar el levantamiento rápidamente. Sin embargo, la resistencia de los Minutemen demostró que los colonos no serían sometidos fácilmente, y sacudieron la confianza británica.

Las batallas de Lexington y Concord son un testimonio del coraje y la determinación de los colonos estadounidenses en su lucha por la independencia. No eran solo enfrentamientos militares; era el capítulo inicial en la lucha por una nueva nación.

15. El 4 de julio de 1776, el Segundo Congreso Continental adoptó la Declaración de Independencia, un documento que había sido redactado por Thomas Jefferson y modificado ligeramente por Benjamin Franklin y John Adams. Como habrá adivinado, la Declaración de Independencia proclamó formalmente la independencia de las colonias en manos de Gran Bretaña.

La Declaración de Independencia describía las quejas de los colonos estadounidenses contra la Corona británica, incluidos los impuestos sin representación, el acuartelamiento de las tropas británicas en las colonias y la denegación del juicio con jurado. Alrededor de una cuarta parte de los cincuenta y seis firmantes de la Declaración de Independencia fueron encarcelados, exiliados o perseguidos por los británicos durante la guerra de independencia. Tres firmantes perdieron la vida durante la guerra o a causa de ella.

Thomas Jefferson fue el hombre más responsable por el contenido y la redacción real de la Declaración de Independencia. Jefferson fue el poeta/filósofo de la Revolución estadounidense. Su elocuente pluma escribió las líneas inmortales, grabando para siempre los ideales de libertad e igualdad en la conciencia estadounidense.

Sin embargo, Jefferson no era solo un artesano de palabras. Era una figura compleja. Era un propietario de esclavos que lidiaba con las contradicciones de sus propias creencias. A pesar de que era un apasionado defensor de la democracia, también albergaba tendencias aristocráticas. Él y John Adams, que a veces eran rivales políticos, también fueron grandes amigos, y sus cartas proporcionan información importante sobre la fundación de Estados Unidos y sus ideas políticas. Ambos hombres murieron el mismo día, el 4 de julio de 1826, cincuenta años después del día en que se anunció la nueva nación con la Declaración de Independencia.

Retrato presidencial oficial de Jefferson

16. Tal vez la batalla más famosa de la Guerra Revolucionaria fue la batalla de Trenton. La batalla resultó en una asombrosa victoria estadounidense, pero también es famosa por la pintura *Washington Crossing the Delaware*, que en realidad fue pintada setenta y cinco años después por un pintor alemán que nunca había estado en Estados Unidos.

Bajo un fuerte viento de diciembre, el general George Washington emprendió una arriesgada apuesta a orillas del Delaware. El Ejército Continental, menguante y desmoralizado, se enfrentó al implacable poder del invierno. Sin embargo, en la Navidad de 1776, Washington dirigió una fuerza irregular a través del helado río, con el objetivo de un ataque sorpresa contra las tropas de Hesse guarnecidas en Trenton.

El plan era audaz. Cruzando en condiciones traicioneras, la columna estadounidense marchó diez millas cruzando la noche helada, y llegó a Trenton antes del amanecer. Las fuerzas hessianas, arrulladas por las festividades navideñas, fueron atrapadas sin preparación. El asalto, liderado por el propio Washington, fue rápido y decisivo. Las filas de Hesse se derrumbaron frente el asalto sorpresa estadounidense, y su comandante cayó en las primeras descargas. Casi dos tercios de la fuerza de Hesse se rindieron en una hora, entregando una victoria muy necesaria para los asediados colonos.

La batalla de Trenton fue una obra maestra estratégica. Reavivó la esperanza dentro del Ejército Continental, y frenó la marea de la deserción. El liderazgo decisivo de Washington y el éxito inesperado del ejército hicieron añicos el aura británica de invencibilidad, reforzó la moral y probó la resistencia estadounidense. Aunque fue un pequeño enfrentamiento, la batalla de Trenton resonó en todas las colonias, y demostró la capacidad de la naciente nación para contraatacar y reavivar las llamas de la revolución.

17. En septiembre de 1781, la marea de la Revolución estadounidense culminó en la crucial batalla de Yorktown en Virginia. Atrapado en una península y aislado por las implacables fuerzas francoestadounidenses bajo el mando del general Washington y el general Rochambeau, el general británico Lord Cornwallis se enfrentó a una difícil situación.

El asedio en sí fue una meticulosa orquestación de potencia de fuego y estrategia. Los ingenieros estadounidenses y franceses construyeron un anillo de fortificaciones que constriñeron constantemente el perímetro defensivo británico. Los pesados cañones golpeaban las posiciones británicas sin descanso, mientras que la superioridad naval francesa aseguraba que no hubiera ruta de escape por mar. Enfrentando un asalto inminente y careciendo de refuerzos, Cornwallis intentó una fuga desesperada, pero no tuvo éxito. El 19 de octubre, con una disminución de los suministros y un aumento en las bajas, rindió a todo su ejército, y terminó efectivamente las principales operaciones terrestres en la Revolución estadounidense.

La historia de "The World Turned Upside Down" agrega otra capa de intriga a este momento crucial. Según los relatos históricos, la banda británica, como de costumbre, tocaba una marcha para honrar a los vencedores después de la rendición formal. Sin embargo, en lugar de una melodía tradicional británica, sorprendentemente tocaban la melodía de "The World Turned Upside Down", una balada a menudo asociada con el malestar social y la agitación inglesa.

Si bien se desconoce la motivación exacta detrás de esta elección, concordaba con la gravedad de la situación. Para la recién formada nación estadounidense, reflejaba la realización de sus objetivos revolucionarios; el mundo de los colonos, anteriormente dominado por el dominio británico, se había puesto patas arriba. Para los británicos derrotados, era un reconocimiento agridulce de sus alteradas fortunas.

El 3 de septiembre de 1783 se firmó el Tratado de París y se puso fin a la guerra de la Independencia. El tratado reconoció formalmente a los Estados Unidos como nación independiente. Este acuerdo trascendental marcó un punto de inflexión en la historia mundial, estableciendo un nuevo equilibrio de poder y marcando el comienzo de la era de democracia estadounidense.

18. El 17 de septiembre de 1787, la Convención Constitucional en Filadelfia concluyó con los delegados firmando la Constitución de los Estados Unidos, un documento histórico que estableció el marco para un nuevo gobierno federal. La Constitución, con su sistema de controles y equilibrios, separación de poderes y énfasis en los derechos individuales, se erige como una piedra angular de la democracia estadounidense y un testimonio del poder de la sabiduría colectiva.

Si bien la Constitución estadounidense es un documento único, muchas de sus ideas llegaron a los Padres Fundadores a través de la historia constitucional inglesa y los pensadores de la Ilustración de Francia y Gran Bretaña a principios del siglo XVIII. Sin embargo, algunos historiadores sostienen que la Constitución se inspiró en otro grupo de personas: la Confederación iroquesa de nativos americanos en las zonas fronterizas de los Estados Unidos y Canadá.

Cabe destacar que la influencia directa de la Confederación iroquesa en los Artículos de la Confederación y la Constitución es objeto de debate entre los historiadores. Sin embargo, es posible que su estructura política ofreciera un modelo interesante para el naciente gobierno estadounidense.

La Confederación iroquesa comprendía seis naciones independientes unidas por un consejo común, el *Gran Consejo*. Practicaban una forma de confederación que equilibraba la autonomía tribal individual con la toma de decisiones colectivas. Esto podría haber capturado el interés de los colonos estadounidenses, que buscaban la unidad contra el dominio británico mientras apreciaban su propia soberanía. Los Artículos de la Confederación, el primer documento de gobierno de los Estados Unidos, reflejaban esta influencia, creando un gobierno central débil que dependía del consentimiento unánime de los estados independientes.

Sin embargo, las limitaciones de la Confederación iroquesa se hicieron evidentes. A medida que las naciones iroquesas individuales priorizaban sus necesidades, la acción unificada a menudo flaqueaba, lo que en última instancia contribuía a su vulnerabilidad contra la invasión europea. Esto sirvió como una advertencia para los redactores estadounidenses. Al redactar la Constitución, buscaron fortalecer el gobierno central sin dejar de honrar la autonomía estatal. El Congreso bicameral, con su Cámara de Representantes representando a los estados individuales y el Senado representando una representación igual para todos, reflejaba el enfoque iroqués de equilibrar los intereses locales y nacionales.

19. El 30 de abril de 1789, George Washington fue elegido como el primer presidente de los Estados Unidos. La presidencia de Washington, de 1789 a 1797, fue primordial para dar forma a la nueva nación. Su liderazgo durante este período formativo crítico estableció precedentes para la presidencia, fomentó la unidad

nacional y sentó las bases para un gobierno fuerte y estable.

Han surgido muchas historias y leyendas sobre George Washington. Repasemos tres de las más populares.

El cerezo: La imagen del joven George cortando un cerezo y confesando su hazaña a su severo padre. Sus palabras, "No puedo mentirle", están arraigadas en la cultura estadounidense. La historia, publicada por primera vez en la biografía de Parson Mason Weems de 1806, probablemente se originó como un cuento de moralidad dirigido a los niños en lugar de un relato histórico. Si bien Washington era indudablemente conocido por su integridad, el mito del cerezo, con su representación idealizada, pinta una imagen poco realista de la vida de Washington y minimiza las complejas motivaciones que rigen sus acciones.

Dientes de madera: Tal vez uno de los mitos más duraderos y extraños gira en torno a los dientes de Washington. Las imágenes a menudo lo representan con dentaduras postizas de madera. Si bien Washington sufrió de problemas dentales graves a lo largo de su vida y experimentó varias dentaduras postizas hechas de diversos materiales, como marfil de hipopótamo o dientes humanos, no hay evidencia de que alguna vez haya utilizado dientes de madera. Este mito probablemente surgió de interpretaciones erróneas de descripciones históricas y fue alimentado por caricaturas que lo representaban con una sonrisa exagerada de madera.

Lanzar una moneda de plata en el Potomac: Durante muchos años, a los estudiantes estadounidenses de primaria se les enseñaba una historia sobre Washington lanzando una moneda en el ancho río Potomac. Es una imagen fascinante, pero es falsa. La verdad, como muchas narraciones históricas, está desvirtuada. Si bien se menciona que, cuando era adolescente, Washington arrojó un objeto (no un dólar de plata) en el Rappahannock (no en el Potomac) las fuentes primarias siguen siendo difíciles de rastrear. El icónico dólar de plata y el majestuoso río son adornos posteriores, lo que convierte a Washington en una leyenda más grande que la realidad.

Este mito, aunque algo inestable, tenía un propósito. Cimentó la imagen de Washington como una figura excepcional, capaz de hazañas extraordinarias incluso antes de su ascenso presidencial. Pero es un recordatorio para examinar críticamente las narrativas históricas y separar las representaciones románticas de los hechos documentados.

20. John Leland fue un prominente predicador bautista en Virginia a finales del siglo XVIII. Abogó fervientemente por la libertad religiosa y la separación de la iglesia y el estado. En ese momento, Virginia tenía una iglesia estatal establecida, la Iglesia anglicana (iglesia de Inglaterra), que recibía apoyo y privilegios del gobierno. Leland, como bautista, experimentó discriminación religiosa y creía en la importancia de proteger la libertad religiosa para todos.

Durante el debate sobre la ratificación de la Constitución de los Estados Unidos, Leland inicialmente se mostró escéptico sobre el documento porque carecía de protecciones explícitas para los derechos individuales, incluida la libertad religiosa. Le preocupaba que sin tales protecciones, el gobierno federal pudiera interferir con las prácticas y creencias religiosas.

James Madison, una figura clave en la redacción de la Constitución, se postulaba para un escaño en el primer Congreso de los Estados Unidos. Leland, junto con otros bautistas y minorías religiosas, buscó garantías de Madison para apoyar las enmiendas a la Constitución que protegerían las libertades individuales. En 1788, Leland se reunió con Madison en el condado de Orange, Virginia, y le presentó una lista de enmiendas propuestas, incluidas las centradas en la libertad religiosa. Madison escuchó las preocupaciones de Leland y prometió apoyar las enmiendas que salvaguardan estos derechos.

Cuando Madison fue elegido para el primer Congreso, cumplió su promesa al introducir una serie de enmiendas a la Constitución, que más tarde se convertiría en la Carta de Derechos. Entre estas enmiendas se encontraba la Primera Enmienda, que incluye la Cláusula de Establecimiento y la Cláusula de Libre Ejercicio, que garantizan la libertad religiosa y prohíben el establecimiento de una religión estatal.

La defensa de la libertad religiosa por parte de John Leland y su reunión con James Madison jugaron un papel importante en la inclusión de protecciones a la libertad religiosa dentro de la

Declaración de Derechos. Su dedicación al principio de la libertad religiosa ayudó a garantizar que se convirtiera en una parte fundamental de la Constitución de los Estados Unidos, protegiendo los derechos de todos los ciudadanos a practicar su religión libremente.

Sección 3: La expansión de Estados Unidos y la era progresista

A continuación, exploraremos el fascinante período de expansión y reforma en la historia de Estados Unidos. Descubra cómo Estados Unidos creció geográfica y socialmente a través de la expansión hacia el oeste, el Sendero de Lágrimas y el movimiento por el sufragio femenino. Este fue un momento crucial en la historia de los Estados Unidos. *Estas historias le mostrarán el motivo.*

21. En 1803, el presidente Thomas Jefferson encargó a Meriwether Lewis y William Clark que lideraran una expedición al recién adquirido territorio de Luisiana. Su misión principal era explorar y mapear la parte occidental del continente y buscar una ruta acuática hacia el océano Pacífico. En ese momento, existía la creencia de que había un Paso del Noroeste, un pasaje que facilitaría en gran medida el comercio y el transporte.

    Durante su viaje hacia el oeste, la expedición de Lewis y Clark se encontró con numerosos desafíos, incluidos el mal tiempo, un terreno difícil y algunos encuentros con tribus nativas americanas. Sin embargo, uno de los incidentes más memorables ocurrió cuando se encontraron con un oso pardo en lo que hoy es Dakota del Norte en 1805.

El 14 de mayo de 1805, Meriwether Lewis estaba cazando solo cuando se encontró con un enorme oso pardo. El oso encaró a Lewis, que estaba armado solo con un arma de pequeño calibre. Lewis le disparó al oso, pero este no se detuvo. Disparó varios tiros más y, finalmente, el oso cayó a unos metros de él.

Lewis y sus hombres estimaron el peso del oso en más de seiscientas libras. Era un oso gris enorme, y su tamaño y agresión eran diferentes a todo lo que habían visto antes. El encuentro con el oso pardo puso en evidencia los peligros y desafíos a los que se enfrentaba la expedición cuando se aventuraban en un territorio inexplorado. También ilustró la necesidad de tener puntería e ingenio para sobrevivir en el desierto.

A pesar de las dificultades y los peligros, la expedición de Lewis y Clark fue un éxito notable. Mapearon vastas extensiones de tierra, se pusieron en contacto con pueblos indígenas, documentaron nuevas especies de plantas y animales y refutaron la existencia de una ruta continua de agua de los EE. UU. hacia el Pacífico. Su viaje ayudó a ampliar la comprensión de Estados Unidos de la parte occidental del continente y preparó el terreno para la futura expansión hacia el oeste.

22. La guerra de 1812 estalló en medio de disputas comerciales y la interferencia británica en el transporte marítimo estadounidense. Gran Bretaña, que se veía envuelta en su propia lucha en las guerras napoleónicas, vio a la joven república estadounidense como una piedra en el zapato, ya que Estados Unidos era un competidor en los mares y un refugio para los desertores británicos. El punto de inflexión se produjo cuando la Royal Navy británica se apoderó de algunos barcos estadounidenses, una enorme ofensa a la soberanía estadounidense.

¿Sabía que el posterior presidente Andrew Jackson luchó en la guerra de 1812 ¿O que su momento más famoso en la guerra ocurrió después de que la guerra terminó?

En el momento de la batalla de Nueva Orleans, el mayor general Andrew Jackson estaba al mando de las fuerzas estadounidenses en la ciudad. Las fuerzas de Jackson consistían en una mezcla diversa de soldados regulares, milicias locales, afroamericanos libres e incluso piratas, como Jean Lafitte y sus corsarios. Los británicos, liderados por el general Edward Pakenham, lanzaron un gran ataque a la posición estadounidense el 8 de enero de 1815.

A pesar de ser superadas en número, las tropas de Jackson, fortificadas detrás de los terraplenes, infligieron grandes bajas a los británicos. Los británicos sufrieron más de dos mil bajas, incluida la muerte del general Pakenham, mientras que las fuerzas estadounidenses sufrieron solo unas pocas docenas de bajas. La batalla de Nueva Orleans fue una rotunda victoria estadounidense y a menudo se la considera una de las batallas más decisivas de la guerra de 1812.

Lo que hace que esta batalla sea particularmente interesante es que se libró después de que se firmara el Tratado de Gante el 24 de diciembre de 1814 en Bélgica, poniendo fin oficialmente a la guerra. Sin embargo, debido a la lentitud de las comunicaciones a principios del siglo XIX, la noticia de la ratificación del tratado no llegó a los Estados Unidos hasta después de que se hubiera librado la batalla.

La batalla de Nueva Orleans reforzó la moral estadounidense y el orgullo nacional, ya que fue vista como una victoria significativa sobre una fuerza británica bien entrenada. También tuvo implicaciones políticas, ya que el éxito de Andrew Jackson en la defensa de Nueva Orleans contribuyó a su ascenso como héroe nacional y, finalmente, desempeñó un papel en su exitosa campaña presidencial en 1828.

Pintura de la batalla de Nueva Orleans por Jean Hyacinthe de Laclotte

23. A principios de la década de 1830, aumentaron las tensiones entre los colonos estadounidenses y las autoridades mexicanas en la provincia mexicana de Texas. El gobierno mexicano, bajo el presidente Antonio López de Santa Anna, comenzó a ejercer un mayor control sobre Texas, lo que llevó al descontento entre los colonos estadounidenses.

En 1831, el gobierno mexicano proporcionó un pequeño cañón al asentamiento de Gonzales para la defensa contra las tribus nativas americanas locales. El cañón era pequeño, a menudo denominado "six-pounder" (seis libras), y tenía una importancia militar limitada. En septiembre de 1835, a medida que crecían las tensiones entre los tejanos y las autoridades mexicanas, se envió un destacamento de soldados mexicanos a Gonzales para recuperar el cañón. Exigieron su devolución, temiendo que pudiera ser utilizado contra las fuerzas mexicanas en un posible levantamiento.

Los tejanos en Gonzales, liderados por George W. Collingsworth y apoyados por otros colonos, respondieron desafiante a la demanda mexicana. Se negaron a devolver el cañón y en su lugar levantaron una bandera casera con un cañón negro, una estrella y las palabras "Ven y tómalo".

Esta bandera y la respuesta tejana se convirtieron esencialmente en una amenaza. El destacamento mexicano y los tejanos intercambiaron disparos el 2 de octubre de 1835, marcando el comienzo de la Revolución de Texas. La batalla de Gonzales fue una pequeña escaramuza, pero tuvo un profundo significado simbólico.

A pesar de la limitada importancia militar del cañón, los tejanos lograron expulsar a las fuerzas mexicanas. Conservaron el cañón como símbolo de su determinación de resistir a la autoridad mexicana. La frase "Ven y tómalo" se convirtió en un grito de guerra para las fuerzas texanas durante la Revolución de Texas. Simbolizaba su determinación de luchar por su independencia y resistir el control mexicano.

La bandera "Ven y tómalo" y el cañón siguen siendo símbolos perdurables del orgullo texano y de resistencia a la opresión. El cañón se conserva y se exhibe en el Museo Conmemorativo de Gonzales, y las imágenes de la bandera todavía están asociadas con el espíritu de la independencia de Texas.

24. La Ley de Expulsión de los Indios fue promulgada por el presidente Andrew Jackson en 1830. El acto condujo a la reubicación forzada de miles de cheroquis, creeks, seminolas y otras tribus indígenas de sus tierras ancestrales. Los historiadores convencionales creen que entre cuatro y diez mil personas murieron o fueron asesinadas en el Sendero de Lágrimas.

El líder cheroqui John Ross desempeñó un papel destacado en la resistencia a la expulsión forzada de la Nación cheroqui. John Ross, nacido en 1790, era de ascendencia mixta cheroqui y escocesa. Se convirtió en un líder dentro de la Nación cheroqui y se desempeñó como el jefe principal de 1828 a 1866.

Como presidente de la Nación cheroqui, Ross trabajó incansablemente para usar medios legales para resistir la expulsión. El pueblo cheroqui estableció una constitución escrita inspirada en la de los Estados Unidos en 1827. Al año siguiente, Georgia determinó que la constitución no era válida y que los cheroqui estaban sujetos a las leyes de Georgia.

John Ross llevó el caso histórico *Cherokee Nation v. Georgia* (1831) a la Corte Suprema. El tribunal dictaminó que no tenía jurisdicción para escuchar el caso. En *Worcester v. Georgia* (1832), el tribunal dictaminó que el estado de Georgia no tenía autoridad sobre las tierras cheroqui, declarando a la Nación cheroqui una nación soberana. Sin embargo, el presidente Andrew Jackson se negó a hacer cumplir la decisión del tribunal.

En 1838, se enviaron tropas federales para reubicar por la fuerza a los cheroquis en territorio indio (actual Oklahoma). John Ross guio a su gente en el arduo viaje hacia el oeste, pero las condiciones eran deplorables. Miles de cheroquis murieron a causa de la exposición, las enfermedades y la falta de recursos durante la migración forzada. A pesar de los esfuerzos de Ross, la Nación cheroqui no pudo evitar la tragedia del Sendero de Lágrimas.

Una leyenda popular dice que la esposa de Ross, conocida como Quatie, se enfermó después de darle su abrigo a un niño que lloraba. Si bien esta historia no se puede verificar, Quatie murió de neumonía en el Sendero de Lágrimas.

Ross continuó abogando por los derechos del pueblo cheroqui en el territorio indio, negociando con el gobierno de los Estados Unidos para obtener una compensación y el establecimiento de una nueva patria. El liderazgo y la dedicación de John Ross al bienestar de su pueblo durante este período tumultuoso lo convierten en una figura significativa en la historia de Estados Unidos.

25. Los Mountain Men, u Hombres de la Montaña, eran escarpados hombres de la frontera que vagaban por el desierto estadounidense a principios del siglo XIX, principalmente en las Montañas Rocosas y otras regiones occidentales. Hugh Glass era un hombre de montaña y cazador de pieles que operaba en el desierto del oeste estadounidense. Su historia es quizás uno de los cuentos de supervivencia más increíbles de la frontera estadounidense.

En 1823, en una expedición a lo largo del Grand River en Dakota del Sur, Glass se encontró con un oso pardo mientras cazaba. El oso lo atacó, lo mutiló severamente y lo dejó con heridas graves. A pesar de su terrible condición, Glass de alguna manera logró matar al oso con su arma de chispa.

Sin embargo, sus compañeros cazadores lo dejaron solo y gravemente herido en el desierto, pues creían que no tenía ninguna posibilidad de sobrevivir. Glass se arrastró por el desierto con una determinación increíble. Creó una camilla improvisada a partir de un rifle roto, y con ella, recorrió más de doscientas millas durante un período de seis semanas, sobreviviendo con poca comida y agua.

A lo largo de su viaje, Glass se encontró con varios peligros, entre ellos, las tribus nativas americanas. En un momento dado, se vio obligado a defenderse del hostil Arikara, que lo había atacado.

Finalmente, Glass llegó a la seguridad de Fort Kiowa, un puesto comercial en el río Misuri, donde recibió atención médica. Su historia de supervivencia se convirtió en legendaria en el oeste americano y sirvió como testimonio del espíritu indomable de los hombres de las montañas.

Aunque la historia de Hugh Glass probablemente se ha embellecido a lo largo de los años, su historia de supervivencia ha inspirado libros, películas y folclore, incluida la película de 2015 *The Revenant,* protagonizada por Leonardo DiCaprio en el papel de Hugh Glass.

Una ilustración de Hugh Glass siendo atacado por un oso
https://commons.wikimedia.org/wiki/File:Hugh_Glass_Illustration.jpeg

26. El Sendero de Oregón es una de las rutas más emblemáticas de la historia de Estados Unidos durante la expansión hacia el oeste. Fue un viaje desafiante y arduo realizado por miles de pioneros a mediados del siglo XIX mientras buscaban nuevas oportunidades y una vida mejor en el territorio de Oregón.

El Sendero de Oregón era una ruta de vagones de aproximadamente dos mil millas de largo que comenzó en Misuri y se extendió hasta los fértiles valles de Oregón. Fue un viaje agotador de varios meses de cruzar terrenos desafiantes, como desiertos, montañas y ríos.

Una de las historias más trágicas asociadas con la expansión hacia el oeste involucra al Partido Donner, un grupo de pioneros liderados por George y Jacob Donner. En la primavera de 1846, partieron hacia California por una nueva ruta conocida como Hastings Cutoff, que se suponía que era un atajo. Desafortunadamente, el límite de Hastings resultó ser más largo y más traicionero de lo esperado. El Partido Donner se enfrentó a numerosas dificultades: retrasos, disminución de suministros y mal tiempo en las montañas de Sierra Nevada.

Cuando llegaron a Sierra Nevada a fines de octubre de 1846, el Partido Donner no estaba preparado para las duras condiciones invernales. Atrapados por la nieve profunda, se vieron obligados a acampar en lo que ahora se conoce como el Lago Donner.

A medida que avanzaba el invierno, los pioneros enfrentaban hambre e inanición extremas. Algunos miembros del partido recurrieron al canibalismo para sobrevivir. Los equipos de rescate finalmente llegaron a los pioneros varados a principios de 1847, pero muchos ya habían perecido.

El Sendero de Oregón y la historia del Partido Donner son emblemas de las pruebas y tribulaciones que enfrentaron aquellos que se aventuraron hacia el oeste en busca de nuevas oportunidades y un futuro mejor durante la era de la expansión hacia el oeste en los Estados Unidos.

27. Frederick Douglass nació esclavo en Maryland alrededor de 1818 (se desconoce su fecha de nacimiento exacta). Cuando era joven, soportó las duras condiciones de la esclavitud y la brutalidad de sus amos.

A los veinte años, Douglass decidió escapar de la esclavitud. Ideó un plan atrevido que implicaba pedir prestados los documentos de identificación de un marinero afroamericano libre. Con estos papeles en mano, se disfrazó de marinero y se dirigió a la estación de tren de Baltimore.

La fuga de Douglass estaba llena de peligro e incertidumbre. Tuvo que navegar por varios puntos de control y encuentros con autoridades que podrían haber descubierto su verdadera identidad en cualquier momento. Su coraje e ingenio desempeñaron un papel crucial en su exitosa fuga.

Finalmente, llegó al estado libre de Pensilvania y se estableció en New Bedford, Massachusetts. Allí, adoptó el nombre de Frederick Douglass para evitar ser recapturado.

Una vez libre, Douglass se involucró profundamente en el movimiento abolicionista. Comenzó a asistir a reuniones contra la esclavitud y pronto se convirtió en un orador poderoso y cautivador, compartiendo sus propias experiencias como antiguo esclavo y abogando por la abolición de la esclavitud.

En 1845, publicó su primera autobiografía, *Narrative of the Life of Frederick Douglass, an American Slave*. El libro fue una sensación y atrajo la atención tanto en los Estados Unidos como en el extranjero. Sin embargo, su publicación puso a Douglass en riesgo de ser recapturado por los esclavistas. Para evadir la recaptura, Douglass se embarcó en una gira por Irlanda y el Reino Unido, donde continuó hablando en contra de la esclavitud. Durante este tiempo, los partidarios recaudaron dinero para comprar su libertad de su antiguo propietario, lo que le permitió regresar a los Estados Unidos como hombre libre.

Frederick Douglass se convirtió en un destacado líder abolicionista, un firme defensor del sufragio femenino y un distinguido escritor y orador. La historia de su vida, desde la esclavitud hasta la libertad, sigue siendo un testimonio poderoso e inspirador del espíritu humano indomable y la lucha por la justicia.

28. La Convención de Seneca Falls en 1848 marcó un punto de inflexión en la historia de los derechos de las mujeres, y encendió un movimiento que revolucionaría el panorama social y político de los Estados Unidos. En el corazón de este movimiento había dos mujeres notables: Elizabeth Cady Stanton y Lucretia Mott.

Elizabeth Cady Stanton fue una ardiente oradora y reformadora social. Surgió como una voz líder para los derechos de las mujeres. Sus apasionados discursos y obras escritas desafiaban la noción prevaleciente de que las mujeres eran intelectualmente inferiores e incapaces de autogobernarse. Stanton creía que las mujeres poseían los mismos derechos inherentes que los hombres y merecían igualdad de oportunidades en todos los aspectos de la vida, incluido el derecho al voto.

Elizabeth se casó con un prominente abolicionista, Henry Brewster Stanton. Ella quitó la palabra "obedecer" de los votos matrimoniales, y luego escribió: "Me negué obstinadamente a obedecer a quien se suponía que estaba entrando en una relación de igualdad conmigo". Aunque tomó el apellido de su esposo, nunca se refirió a sí misma como la Sra. Henry Stanton, como era la costumbre en ese momento.

Junto a Stanton estaba Lucretia Mott, una ministra cuáquera y abolicionista que llevó su compromiso inquebrantable con la justicia social al movimiento por los derechos de las mujeres. La elocuencia y la autoridad moral de Mott resonaron entre los asistentes a la convención, inspirándolos a exigir una transformación fundamental de las relaciones de género.

En 1840, Mott viajó a Londres para asistir a la Convención Mundial contra la Esclavitud. Mott era un conocido defensor de la abolición de la esclavitud y un firme creyente en la igualdad de derechos para todos, independientemente del género. Sin embargo, se enfrentó a un revés significativo cuando llegó a la convención. Los delegados masculinos en la Convención Mundial contra la Esclavitud, a pesar de su compromiso compartido con la causa abolicionista, se negaron a permitir que las delegadas participaran. A Mott se le prohibió hablar o participar en los procedimientos únicamente por su género. Sus experiencias aquí llevaron a la Convención de Seneca Falls.

Juntos, Stanton y Mott elaboraron la Declaración de Sentimientos, un audaz manifiesto que desafiaba la estructura legal y social prevaleciente que subyugaba a las mujeres. La declaración proclamó audazmente: "Todos los hombres y mujeres son creados iguales", una afirmación radical que desafiaba las normas patriarcales profundamente arraigadas de la época.

29. A principios del siglo XIX, las oportunidades educativas para las mujeres en los Estados Unidos eran limitadas, con pocas opciones más allá de la educación primaria. Mary Lyon, nacida en 1797 en Massachusetts, reconoció la necesidad de una educación superior para las mujeres. Lyon estaba profundamente comprometida con la idea de proporcionar a las mujeres acceso a una educación rigurosa e integral. Era una maestra dedicada y trabajaba para ahorrar dinero para sus esfuerzos educativos.

En 1834, Mary Lyon fundó Mount Holyoke Female Seminary (ahora Mount Holyoke College) en South Hadley, Massachusetts. Fue una de las primeras instituciones de educación superior exclusivamente para mujeres en los Estados Unidos.

Lo que hizo que Mount Holyoke fuera particularmente innovador fue su compromiso de proporcionar a las mujeres un plan de estudios riguroso que incluyera estudios avanzados en materias como matemáticas, ciencia, literatura e historia. La visión de Lyon era preparar a las mujeres no solo para los roles domésticos, sino también para las profesiones y las carreras.

Lyon estaba profundamente involucrado en las operaciones diarias del seminario, sirviendo como su fundadora y primera directora. Era conocida por su dedicación a los estudiantes y sus altos estándares de educación.

Una de las ideas innovadoras de Mary Lyon era que los estudiantes participaran en el funcionamiento de la escuela como una forma de reducir los costos y hacer que la educación fuera más accesible. Los estudiantes asumían responsabilidades como cocinar, limpiar y cultivar como parte de su educación.

Mount Holyoke Female Seminary tuvo éxito y se convirtió en un modelo para la educación de las mujeres. Inspiró la fundación de otras universidades para mujeres y desempeñó un papel crucial en el avance del acceso de las mujeres a la educación superior.

El compromiso de Mary Lyon con la educación de las mujeres y sus esfuerzos pioneros la convirtieron en una pionera en el campo. Su legado se refleja en Mount Holyoke College y en las innumerables mujeres que se han beneficiado de las oportunidades educativas que defendió.

30. La guerra entre México y Estados Unidos duró desde 1846 hasta 1848. La victoria estadounidense en la guerra expandió significativamente el territorio estadounidense. México cedió la actual California, Nevada, Arizona y más, preparando el escenario para una mayor expansión hacia el oeste y provocando debates sobre si los territorios recién adquiridos permitirían la esclavitud o serían estados libres.

Varias figuras prominentes participaron en la guerra de Estados Unidos-México, incluidos Zachary Taylor, Winfield Scott, Ulysses S. Grant, Robert E. Lee y "Stonewall" Jackson. *Sin embargo, existe un grupo de personas que no es tan conocido.*

Un grupo de soldados del Ejército de los Estados Unidos conocido como el "Batallón de San Patricio" o "los San Patricios" también luchó en la guerra de Estados Unidos-México. Esta unidad estaba compuesta en gran parte por inmigrantes irlandeses y otros europeos que se habían alistado en el ejército de los Estados Unidos. Durante la guerra entre México y Estados Unidos, algunos de estos soldados se sintieron desilusionados con el conflicto, pues lo veían como una invasión injusta del territorio mexicano. Motivados por una combinación de sentimiento anticatólico, maltrato por parte de sus oficiales y simpatía por la causa mexicana, un número significativo de soldados irlandeses desertaron del ejército de los Estados Unidos y se unieron a las fuerzas mexicanas.

Bajo el liderazgo de John Riley (un desertor del ejército estadounidense), el grupo luchó contra sus antiguos camaradas. Un enfrentamiento notable tuvo lugar durante la batalla de Churubusco en agosto de 1847. Los San Patricios lucharon valientemente contra enormes adversidades, pero finalmente cayeron. Muchos fueron capturados, y un número significativo fue posteriormente sometido a una corte marcial y ejecutado por deserción.

A pesar de la naturaleza controvertida de sus acciones, los San Patricios son recordados tanto en la historia mexicana como en la irlandesa como un grupo de individuos que se encontraron divididos entre lealtades e ideologías durante un período turbulento. La historia del Batallón de San Patricio sirve como un recordatorio de las complejas motivaciones y consecuencias de la guerra, así como de los diversos antecedentes de quienes participan en los conflictos.

Sección 4: Forjar una nación unida, el crisol de 1850–1877

A partir de 1850 hasta 1877, varios acontecimientos significativos formaron a la nación, incluso la decisión de Dred Scott y la secesión de los estados del sur, que comenzaron la guerra civil.

Esta sección analiza el período previo a la guerra civil, la guerra en sí y lo que sucedió después.

31. El Compromiso de Misuri de 1820 fue un intento de mantener un equilibrio precario entre los estados esclavistas y libres tras la petición de Maine de la estadidad. Si bien resolvió temporalmente el problema de la estadidad, el compromiso exacerbó inadvertidamente las tensiones seccionales y presagió la inminente guerra civil.

    La admisión de Misuri como estado esclavista y Maine como estado libre fue un delicado acto de equilibrio destinado a preservar el equilibrio entre las dos facciones. Sin embargo, este equilibrio percibido era engañoso, ya que la adición de Misuri fortaleció aún más el poder político y la representación del Sur en el Congreso.

    En 1854, se aprobó la Ley Kansas-Nebraska, que derogó el Compromiso de Misuri y permitió a los residentes de esos territorios decidir el tema de la esclavitud a través del voto popular. Esta decisión provocó feroces enfrentamientos entre las facciones proesclavistas y antiesclavistas en Kansas. Estos enfrentamientos se conocieron como "Bleeding Kansas" (Sangrado de Kansas).

Solo una batalla del Bleeding Kansas presentó una muerte, que fue accidental. El saqueo de Lawrence, Kansas, ocurrió en 1856. El sheriff Samuel Jones fue a Lawrence, que había sido establecida por aquellos que apoyaban el fin de la esclavitud, para arrestar a los colonos que apoyaban la abolición y estaban involucrados en un conflicto cercano. Jones fue expulsado de la ciudad, y la gente le disparó con sus armas.

Como resultado de este intento de "asesinato", una fuerza proesclavista atacó a Lawrence. Las fuerzas proesclavistas saquearon la ciudad, saquearon casas, destruyeron negocios e incendiaron el Hotel Free State. Uno de los hombres de la facción proesclavista murió cuando un peldaño del hotel cayó sobre su cabeza.

El saqueo de Lawrence intensificó la animosidad entre las facciones proesclavistas y antiesclavistas en Kansas. También contribuyó a las tensiones nacionales más amplias que llevaron al estallido de la guerra civil estadounidense. Los eventos en Lawrence subrayaron la naturaleza amarga y violenta de la lucha por el futuro de Kansas y el tema de la esclavitud, presagiando los conflictos que seguirían en los años previos a la guerra civil.

32. En 1857, Dred Scott, un hombre esclavizado, motivó una revuelta nacional sobre la esclavitud cuando demandó por su libertad después de residir en territorios libres.

Dred Scott nació en esclavitud alrededor de 1795 en Virginia y más tarde fue llevado al estado libre de Illinois y al Territorio de Wisconsin por su propietario, el Dr. John Emerson. En estas regiones, la esclavitud estaba prohibida por el Compromiso de Misuri de 1820. Después de regresar a Misuri, un estado esclavista, Dred Scott y su esposa Harriet presentaron demandas por su libertad basadas en el hecho de que habían estado viviendo en territorios donde se les consideraba libres.

La batalla legal culminó en el infame caso de la Corte Suprema *Dred Scott v. Sandford*. La Corte Suprema, dirigida por el Presidente del Tribunal Supremo Roger B. Taney, emitió una decisión controvertida con consecuencias de gran alcance. La Corte Suprema dictaminó que las personas esclavizadas, incluso si eran llevadas a territorios libres, seguían siendo propiedad y no tenían derecho a la libertad o la ciudadanía. La opinión del Juez Presidente Taney también declaró inconstitucional el Compromiso de Misuri, argumentando que el Congreso no tenía autoridad para prohibir la esclavitud en los territorios.

Esta decisión aumentó las tensiones y contribuyó a las crecientes divisiones entre el Norte y el Sur sobre el tema de la esclavitud. La decisión de Dred Scott afectó profundamente a la sociedad estadounidense, exacerbando las tensiones que finalmente condujeron a la guerra civil. También jugó un papel en las elecciones de 1860, ya que el Partido Republicano, dirigido por Abraham Lincoln, se opuso a la expansión de la esclavitud a nuevos territorios.

El legado del caso Dred Scott persistió incluso después de la guerra civil, influyendo en la redacción de la Decimocuarta Enmienda, que otorgó la ciudadanía a todas las personas nacidas o naturalizadas en los Estados Unidos, independientemente de su raza o condición previa de servidumbre. Hoy en día, la decisión de Dred Scott se considera una de las peores decisiones de la Corte Suprema en la historia de Estados Unidos.

33. El 16 de octubre de 1859, John Brown, un abolicionista, dirigió una redada en la armería federal en Harpers Ferry, Virginia, en un intento de provocar un levantamiento de esclavos. Intentó que varios abolicionistas de renombre se unieran a él, como Frederick Douglass y Harriet Tubman, *pero ambos se negaron.*

Brown creía que cientos de esclavos se unirían a su causa. Sin embargo, no tenía forma de contactar a los esclavos en las plantaciones cercanas. Aun así, no estaba dispuesto a renunciar a la causa.

La primera víctima de la incursión fue un hombre negro liberado que había sido disparado por detrás por uno de los asaltantes el 17 de octubre. El movimiento Causa Perdida, que surgió en 1866 y se centró en la lucha de la Confederación por los derechos de los estados, no por la esclavitud, afirmó que le habían disparado al hombre para que la esclavitud permaneciera en los estados.

Brown y sus hombres capturaron a varios rehenes y los mantuvieron en la casa de bomberos de la armería. La incursión fue rápidamente reprimida por una fuerza combinada de la milicia local y los marines estadounidenses dirigidos por el coronel Robert E. Lee. Stonewall Jackson y Jeb Stuart, talentosos oficiales militares del lado de la Confederación durante la guerra civil, también ayudaron a sofocar el ataque.

Brown y sus hombres fueron capturados el 18 de octubre. Brown fue juzgado por traición y asesinato y luego fue ejecutado el 2 de diciembre de 1859. John Wilkes Booth, quien mataría al presidente Abraham Lincoln, fue testigo de la muerte de Brown en la horca.

En el norte, la incursión de Brown se consideraba un acto heroico de desafío contra la esclavitud. Los abolicionistas reconocían a Brown como un mártir, y sus acciones inspiraron a muchos a unirse al movimiento contra la esclavitud. Sin embargo, otros en el norte se horrorizaron por la violencia y condenaron las acciones de Brown.

En el sur, la incursión de Brown alimentó los temores de una insurrección de esclavos e intensificó el resentimiento del sur hacia el norte. Muchos sureños creían que la redada era parte de un complot más grande de los abolicionistas para destruir su forma de vida. Esta creencia solidificó aún más la determinación del Sur de proteger la esclavitud, incluso si llegaba a una guerra.

34. Fort Sumter se encuentra en el puerto de Charleston, Carolina del Sur. En 1860, fue una de las últimas instalaciones militares federales restantes en el sur bajo control de la Unión. En diciembre de 1860, Carolina del Sur se separó de la Unión, seguida de varios otros estados del sur. Sin embargo, Fort Sumter permaneció bajo el control de la Unión, lo que generó tensión entre el Norte y el Sur.

La administración del presidente James Buchanan trató de reabastecer y reforzar el fuerte pacíficamente. Sin embargo, las negociaciones con las autoridades de Carolina del Sur se estancaron y la situación se volvió cada vez más volátil. El 6 de abril de 1861, el general de brigada confederado P. G. T. Beauregard, al mando de las fuerzas confederadas en Charleston, recibió la orden del gobierno confederado de exigir la rendición de Fuerte Sumter. El mayor Robert Anderson, comandante de la Unión del fuerte, se negó a rendirse, a pesar de estar quedándose sin suministros y municiones.

El 12 de abril de 1861, las fuerzas confederadas abrieron fuego contra Fort Sumter, y comenzaron un bombardeo de treinta y cuatro horas. Esto marcó el comienzo de la guerra civil estadounidense. La guarnición de la Unión en Fort Sumter se defendió, pero fueron superados y el fuerte sufrió daños significativos.

El 13 de abril, el mayor Anderson y sus hombres se rindieron. Sorprendentemente, no hubo víctimas mortales durante el bombardeo, aunque un soldado de la Unión murió y tres resultaron heridos durante la evacuación de la Unión.

La caída de Fort Sumter galvanizó tanto al Norte como al Sur. El presidente Abraham Lincoln pidió setenta y cinco mil voluntarios para reprimir la rebelión, lo que llevó a la movilización de las fuerzas de la Unión y a la escalada de la guerra civil. Fort Sumter permaneció en manos confederadas durante la mayor parte de la guerra, pero finalmente fue recapturado por las fuerzas de la Unión en 1865.

35. La guerra civil tiene muchas historias interesantes. Una de ellas involucra a un general llamado Benjamin Butler. En mayo de 1861, tres hombres esclavizados, Frank Baker, James Townsend y Shepard Mallory, escaparon del territorio confederado en Virginia y buscaron refugio en Fort Monroe, un bastión de la Unión en Virginia comandado por el general Butler. Cuando su propietario, el coronel Charles Mallory, exigió la devolución de su "propiedad", el general Butler se enfrentó a un dilema.

Butler había sido abogado antes de la guerra y reconoció que devolver a los hombres escapados a las fuerzas confederadas significaría esencialmente ayudar al enemigo. Por lo tanto, consideró a los tres hombres como "contrabando de guerra", argumentando que la Confederación los estaba utilizando para apoyar su esfuerzo de guerra.

Esta decisión sentó un precedente para el tratamiento de la Unión de los esclavos escapados. El término "contrabando" se usó ampliamente, y otros comandantes de la Unión adoptaron el enfoque de Butler. A medida que más personas esclavizadas buscaban refugio detrás de las líneas de la Unión, la política del Norte evolucionó, preparando el escenario para un cambio en la postura de la Unión sobre la esclavitud.

Si bien la Proclamación de Emancipación no se había emitido aún, la política de contrabando marcó un paso significativo hacia la eventual emancipación de las personas esclavizadas. El presidente Abraham Lincoln emitió la Proclamación de Emancipación el 1 de enero de 1863, declarando libres a todas las personas esclavizadas en el territorio controlado por los confederados. Cuatro estados (Delaware, Maryland, Kentucky y Misuri) mantuvieron la esclavitud hasta el final de la guerra y la aprobación de la Decimotercera Enmienda en 1865.

El presidente Abraham Lincoln buscó preservar la unidad de la Unión y evitar una mayor secesión al no desafiar la esclavitud en estos estados fronterizos. Creía que la emancipación en estos estados los alienaría y los empujaría a la Confederación. Estos estados fronterizos también se encontraban entre la Unión y la Confederación, lo que los hacía cruciales para controlar el flujo de bienes, tropas e información.

Si bien la Proclamación de Emancipación no liberó de inmediato a todas las personas esclavizadas, cambió el carácter de la guerra civil al hacer de la abolición de la esclavitud un objetivo central de la guerra. La historia de la política de contrabando en Fort Monroe ilustra cómo las acciones y decisiones individuales de los comandantes militares, como el general Benjamin Butler, pueden tener su relevancia dentro de la estructura más amplia de una guerra.

36. La batalla de Gettysburg es conocida por varios momentos clave, uno de los cuales es la Carga de Pickett, un asalto confederado dirigido por el general George Pickett el último día de la batalla, el 3 de julio de 1863.

El general George Pickett era un comandante de división confederado conocido por su apariencia distintiva, específicamente su larga barba negra azabache. Se le encomendó la tarea de liderar un asalto desesperado y desafortunado contra el centro de las líneas de la Unión en Cemetery Ridge. La Carga de Pickett involucró a aproximadamente doce mil soldados confederados que marcharon a través de un campo abierto hacia las posiciones de la Unión mientras soportaban devastadores disparos de artillería y rifles.

El ataque fue un esfuerzo valiente pero finalmente infructuoso para romper las líneas de la Unión. Las fuerzas confederadas sufrieron muchas bajas, y la carga a menudo se considera como ápice de toda la Confederación.

El propio general Pickett escapó por poco de la muerte durante la carga. Mientras montaba su caballo hacia el frente, resultó herido luego de que su caballo fuera alcanzado por una bala. Pickett quedó inconsciente, pero sobrevivió, aunque se vio profundamente afectado por la pérdida de sus hombres.

Después de la carga fallida, el general Pickett se reunió con el general Robert E. Lee, el comandante confederado, quien asumió la responsabilidad de la derrota y expresó su pesar por ordenar el desafortunado asalto.

El nombre del general George Pickett se asoció para siempre con el ataque, y llevaría el peso de esa asociación por el resto de su vida. Más tarde se refirió al ataque como "el matadero". La victoria de la Unión en Gettysburg a menudo se ve como un punto de inflexión en la guerra.

37. El 9 de abril de 1865, el general Robert E. Lee se rindió al general Ulysses S. Grant, poniendo fin a la guerra civil y comenzando el proceso de reconstrucción y reconciliación. El propietario de la casa donde Grant y Lee se conocieron, Wilmer McLean, se había mudado a Appomattox después de que su primera casa fuera parcialmente destruida en la primera batalla de la guerra, la Primera batalla de Bull Run, en 1861. McLean supuestamente dijo: "La guerra comenzó en mi patio delantero y terminó en mi salón delantero".

Las fuerzas de la Unión tomarían varios objetos de la casa, como la mesa utilizada para firmar la rendición. Le pagaron a McLean cientos de dólares por estos artefactos de valor incalculable. Sin embargo, algunos artículos fueron robados.

Grant se sintió abrumado por la emoción cuando vio a Lee en la mesa de rendición. Los dos hablaron de la guerra entre México y Estados Unidos, ambos habían luchado juntos en el mismo lado. El general Grant le otorgó a Lee generosos términos de rendición. Los hombres de Lee no fueron encarcelados por traición. Podían quedarse con sus armas y caballos, y Grant les dio de comer.

La decisión del general Grant de otorgar generosos términos de rendición a Lee y su ejército fue un movimiento estratégico destinado a minimizar un mayor derramamiento de sangre y promover la reconciliación. Instruyó a sus tropas para que trataran a los confederados con respeto y dignidad, evitando cualquier acto de retribución. El tratamiento magnánimo de Grant hacia Lee se extendió a las interacciones personales entre los dos generales.

Durante su reunión en la Casa McLean en Appomattox, Grant permitió que Lee retuviera su espada, un símbolo de su rango militar y honor. Aunque aparentemente insignificante, Lee apreciaba profundamente este gesto y sirvió como un poderoso símbolo de respeto y reconciliación.

El tratamiento de Lee en Appomattox no fue simplemente un acto de cortesía militar; fue una decisión consciente de promover la paz y la unidad en una nación desgarrada por la guerra.

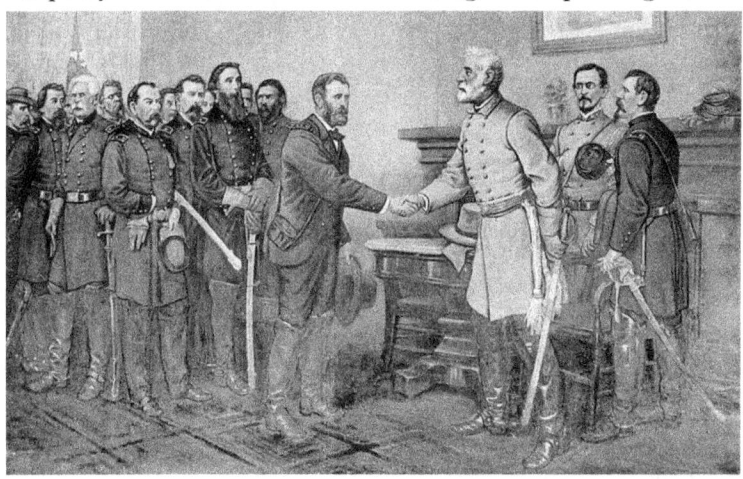

Lee entregándose a Grant en el Palacio de Justicia de Appomattox

38. La Decimotercera Enmienda abolió la esclavitud en los Estados Unidos. Su aprobación marcó un punto de inflexión decisivo en la historia de la nación, y puso fin a la institución legalizada de la esclavitud que se había afianzado durante siglos. El impacto de la enmienda se extendió más allá de la liberación inmediata de las personas esclavizadas, y preparó el terreno para nuevos avances en derechos civiles e igualdad.

Thaddeus Stevens, un ardiente congresista de Pensilvania, desempeñó un papel crucial en la abolición de la esclavitud en los Estados Unidos. Su afilada lengua y sus maniobras políticas le valieron el título de "The Old Commoner" (el viejo plebeyo), y su influencia en el Partido Republicano resultó fundamental para impulsar la Decimotercera Enmienda.

La vida personal de Stevens era compleja, y su relación con su ama de llaves negra, Lydia Hamilton, añadió más intriga a su legado. Si bien Stevens nunca declaró públicamente su estatus, algunos historiadores creen que mantuvieron una relación amorosa a largo plazo. Vivieron juntos durante décadas, y Stevens la apoyó financieramente a ella y a su hija.

Sin embargo, especular sobre la naturaleza íntima de su relación corre el riesgo de una extralimitación histórica. En cambio, es crucial reconocer la ambigüedad que rodea su vínculo al tiempo que se reconoce el compromiso inquebrantable de Stevens con la igualdad racial. Desafió abiertamente los prejuicios raciales, defendió los derechos de voto de los estadounidenses negros y condenó ferozmente las leyes de Jim Crow.

La dedicación de Stevens a la abolición no fue impulsada únicamente por la conveniencia política. Creía genuinamente en la igualdad humana, una convicción perfeccionada durante décadas de lucha contra la injusticia. Si bien su vida personal sigue envuelta en un misterio, su contribución para poner fin a la esclavitud en los Estados Unidos sigue siendo innegable.

39. La mayoría de la gente ha oído hablar de John Wilkes Booth. Pero, ¿alguna vez ha oído hablar de una mujer llamada Mary Surratt?

Durante la guerra civil estadounidense, Mary Surratt era propietaria de una pensión en Washington, DC. Ha sido vinculada con el asesinato del presidente Abraham Lincoln a través de su hijo, John Surratt, y la asociación de su pensión con John Wilkes Booth, el asesino.

John Wilkes Booth, un simpatizante y actor confederado, tramó un complot para asesinar al presidente Lincoln, al vicepresidente Andrew Johnson y al secretario de Estado William H. Seward. En la noche del 14 de abril de 1865, Booth le disparó al presidente Lincoln en el Teatro Ford mientras el presidente asistía a una obra de teatro.

El hijo de Mary Surratt, John Surratt, estuvo involucrado en la conspiración y tenía conexiones con Booth. Había participado en discusiones anteriores sobre el secuestro del presidente Lincoln, pero no participó directamente en el asesinato en sí.

Después del asesinato, Booth huyó de Washington, DC, y se lanzó una búsqueda masiva para capturarlo a él y a sus cómplices. Mary Surratt y otras personas eran sospechosas de conspirar con Booth. El 17 de abril de 1865, Mary Surratt fue arrestada en su pensión. Durante el juicio posterior por una comisión militar, fue acusada de proporcionar ayuda y refugio a Booth y sus cómplices, a pesar de probar su inocencia.

El juicio de Mary Surratt fue controvertido. El 30 de junio de 1865, fue declarada culpable y condenada a muerte. El 7 de julio de 1865, Mary Surratt fue ahorcada junto con otros tres conspiradores convictos. Fue la primera mujer en la historia de los Estados Unidos en ser ejecutada por el gobierno federal.

Su ejecución despertó diferentes reacciones, ya que algunos creían que era una participante voluntaria en la trama y otros simpatizaban con ella como madre que tal vez desconocía las actividades de su hijo. Su condena y ejecución siguen siendo objeto de debate histórico, ya que algunos argumentan que su papel en la conspiración puede no haber justificado la pena de muerte.

40. Hiram Revels nació en Fayetteville, Carolina del Norte, en 1827, de padres libres de ascendencia africana y nativa americana. En 1866, durante la era de la Reconstrucción después de la guerra civil, Revels se convirtió en ministro de la Iglesia Episcopal Metodista Africana. Poco después, entró en la política. Fue nombrado concejal en Natchez, Misisipi, convirtiéndose en uno de los primeros afroamericanos en ocupar un cargo público en el sur.

En 1867, Misisipi fue readmitido en la Unión bajo las Leyes de Reconstrucción, y la legislatura del estado eligió a Hiram Revels al Senado de los Estados Unidos en 1870. Revels se convirtió en el primer afroamericano en servir en el Senado y el Congreso de los Estados Unidos.

Revels se desempeñó como senador de los Estados Unidos por Misisipi desde el 25 de febrero de 1870 hasta el 3 de marzo de 1871. Mientras estaba en el Senado, abogó por los derechos civiles, la educación y la igualdad para los afroamericanos. Uno de los discursos más notables de Revels en el Senado fue su respuesta a un discurso del senador Charles Sumner de Massachusetts. Sumner abogó por la eliminación de la segregación en las escuelas públicas, y Revels apoyó su posición compartiendo el progreso realizado hacia la igualdad racial en Misisipi.

El servicio de Revels en el Senado fue recibido con elogios y hostilidad, y algunos de sus compañeros senadores se opusieron a su presencia debido a su raza. A pesar de los desafíos, se comportó con dignidad e integridad.

Después de su mandato en el Senado, Revels continuó participando en la educación y el ministerio. Se convirtió en el primer presidente de Alcorn Agricultural and Mechanical College (ahora Alcorn State University) en Misisipi, una institución históricamente negra.

El legado de Hiram Revels se extiende más allá de su tiempo en el cargo. Allanó el terreno para que otros afroamericanos sirvieran en el Congreso y contribuyó a promover los derechos civiles y la educación durante la era de la Reconstrucción. Aunque la era de la Reconstrucción no terminó positivamente para los afroamericanos, tras las leyes de Jim Crow aprobadas en el Sur, su legado como figura pionera en la historia de Estados Unidos continúa celebrándose hoy en día.

Sección 5: De los rieles a los derechos; eventos transformadores a finales del siglo XIX y principios del XX

Se desarrollaron varios acontecimientos importantes en Estados Unidos a finales del siglo XIX y principios del XX. Explore eventos como la Gran huelga ferroviaria, la guerra hispano-estadounidense y el incendio de la fábrica Triangle Shirtwaist. La era progresista trajo cambios sociopolíticos, y el movimiento sufragista culminó en la Decimonovena Enmienda.

Hay mucho que descubrir en este período, ¡así que comencemos!

41. La Gran huelga ferroviaria de 1877 comenzó en Martinsburg, Virginia Occidental, cuando los trabajadores del Ferrocarril de Baltimore y Ohio (B&O) se declararon en huelga el 16 de julio de 1877. La huelga fue provocada por un recorte salarial para los trabajadores ferroviarios de B&O, que ya se enfrentaban a condiciones de trabajo difíciles y bajos salarios.

    La frustración entre los trabajadores se había estado acumulando durante años. A medida que la huelga en Martinsburg se intensificó, se extendió rápidamente a otras ciudades y centros ferroviarios a lo largo de la línea B&O, incluidos Baltimore, Maryland y Pittsburgh, Pensilvania. Pronto, los trabajadores ferroviarios de otras compañías también se unieron a la huelga.

La huelga se convirtió en uno de los levantamientos laborales más grandes y violentos de la historia de Estados Unidos. Los trabajadores en huelga bloquearon las líneas ferroviarias, sabotearon el equipo y se enfrentaron con la policía y las milicias estatales. En Baltimore, la huelga dio un giro particularmente violento. Los disturbios estallaron cuando los trabajadores en huelga se enfrentaron con la Guardia Nacional de Maryland. Las tropas dispararon contra la multitud, lo que resultó en numerosas muertes y lesiones. La huelga continuó extendiéndose a otros estados, incluidos Illinois y Misuri, donde se vieron afectados otros ferrocarriles, lo que provocó más enfrentamientos y violencia.

El presidente Rutherford B. Hayes finalmente intervino, enviando tropas federales para sofocar los disturbios. El uso de tropas federales marcó uno de los primeros casos de intervención militar federal en una disputa laboral en los Estados Unidos. El ataque disminuyó gradualmente a medida que las tropas federales y las milicias estatales obtuvieron el control de la situación. Para principios de agosto de 1877, la huelga había terminado.

Si bien la huelga no logró sus objetivos inmediatos de aumentos salariales y mejores condiciones de trabajo para los trabajadores ferroviarios, sí llamó la atención sobre los problemas laborales y allanó el terreno para futuros movimientos laborales y el crecimiento de los sindicatos en los Estados Unidos.

42. La Ley Dawes de 1887 autorizó al gobierno de los Estados Unidos a dividir las tierras tribales de los nativos americanos en asignaciones individuales, con el objetivo de asimilar a los nativos americanos en la sociedad estadounidense general. Sus consecuencias incluyeron la pérdida de tierras tradicionales e identidad cultural entre las comunidades nativas americanas.

Antes de la Ley Dawes, la nación Osage había negociado tratados que aseguraban su territorio en lo que hoy es Oklahoma. Sin embargo, el descubrimiento de petróleo en las tierras de Osage a finales del siglo XIX intensificó la presión para la asimilación y la división de la tierra. En virtud de la Ley Dawes, la Reserva Osage se asignó a miembros tribales individuales y la tierra excedente se abrió a colonos no nativos.

Lo que hace que la historia de los Osage sea particularmente significativa es el petróleo que se encuentra en sus tierras. La Ley Dawes colocó inadvertidamente a los osage entre las personas más ricas per cápita del mundo en ese momento debido al descubrimiento de reservas de petróleo. Cada miembro de la tribu recibió una asignación, incluidos los derechos mineros, lo que llevó a lucrativos arrendamientos de petróleo.

En respuesta a esta riqueza del petróleo, el gobierno de los Estados Unidos implementó un sistema mediante el cual se nombraron guardianes no indígenas para administrar los asuntos financieros de algunos de los osage, especialmente aquellos considerados "incompetentes" para manejar su riqueza. Este sistema condujo a una corrupción y explotación generalizadas, ya que algunos guardianes desviaban la riqueza del pueblo osage.

Los osage fueron víctimas de una serie de asesinatos. Varias mujeres osage fueron asesinadas por sus maridos blancos a causa de dinero. La mayoría de los asesinatos de este periodo no se resolvieron.

Esta trágica serie de eventos puso de relieve la vulnerabilidad de las comunidades indígenas frente a la explotación externa. Finalmente, en la década de 1920, la Nación Osage y el gobierno federal trabajaron juntos para abordar la corrupción y la injusticia. Los asesinatos de osages se convirtieron en la primera investigación importante de homicidios del FBI.

43. Las crecientes tensiones entre Estados Unidos y España, alimentadas por el sensacionalismo de los periódicos y la explosión del USS *Maine*, llevaron a la guerra hispano-estadounidense. Aunque la explosión del USS *Maine* es una historia interesante, vamos a echar un vistazo a lo que estaba haciendo el futuro presidente Theodore Roosevelt.

Los Rough Riders eran un regimiento de caballería voluntario dirigido por el coronel Theodore Roosevelt. El regimiento era una mezcla diversa de vaqueros, mineros, agentes de la ley y atletas universitarios, y también incluía un notable contingente de soldados afroamericanos. Los Rough Riders ganaron fama por su papel en la batalla de la Colina de San Juan, que tuvo lugar el 1 de julio de 1898, cerca de Santiago de Cuba.

Durante la batalla, los Rough Riders y otras fuerzas estadounidenses se enfrentaron a posiciones españolas bien arraigadas en la colina de San Juan. El ataque fue intenso. El fuego pesado de tropas españolas se posicionaba en blocaos y trincheras. Los Rough Riders, liderados por Roosevelt, y los Buffalo Soldiers, un regimiento afroamericano, desempeñaron un papel clave en el asalto. Uno de los momentos más emblemáticos de la batalla fue la carga hasta Kettle Hill y San Juan Hill.

A medida que avanzaban los Rough Riders y otras fuerzas estadounidenses, Roosevelt lideró la carga a caballo, convirtiéndose en un símbolo del coraje y la determinación estadounidenses. Contrariamente al nombre, los Rough Riders, en su mayor parte, no usaban caballos. Los caballos se habían quedado en los Estados Unidos debido a una confusión.

Sin embargo, los Rough Riders luchaban con valentía. Su participación en la batalla de la Colina de San Juan recibió una amplia cobertura mediática, y los Estados Unidos celebraban sus hazañas. El liderazgo de Theodore Roosevelt durante la batalla contribuyó significativamente a su ascenso político, y más tarde se convirtió en el vicepresidente y luego en presidente de los Estados Unidos.

La guerra hispano-estadounidense tuvo consecuencias de largo alcance. Estados Unidos salió victorioso, ganando Puerto Rico, Guam y Filipinas. La adquisición de territorios impulsó a los Estados Unidos al escenario global, expandiendo su influencia más allá de sus fronteras y estableciéndolo como una potencia importante. Este nuevo estatus marcó el comienzo de un período de mayor participación en los asuntos internacionales, en el que Estados Unidos asumió un papel más asertivo en la formación del orden mundial.

44. Soapy Smith, cuyo verdadero nombre era Jefferson Randolph Smith II, fue un famoso estafador y jefe del crimen estadounidense que operó a finales del siglo XIX y principios del XX. Se hizo famoso por sus planes y actividades delictivas en varias partes de los Estados Unidos, incluida la fiebre del oro de

Klondike en Alaska y la ciudad fronteriza de Skagway, Alaska.

Soapy Smith nació en el condado de Coweta, Georgia, el 2 de noviembre de 1860. Creció en una familia de estafadores y aprendió los trucos del oficio desde muy joven. Soapy era un maestro de los trucos y engaños.

A menudo operaba en ciudades que estaban experimentando un rápido crecimiento debido a la fiebre del oro de Klondike. Los recién llegados estaban ansiosos por entretenimiento y oportunidades, pero también eran vulnerables a las estafas. Soapy Smith es más conocido por sus actividades en Skagway, Alaska, durante la fiebre del oro de Klondike. Él y su banda establecieron un imperio criminal en la ciudad, una importante puerta de entrada para los buscadores de oro que se dirigían a los yacimientos de oro del Yukón.

Soapy y su pandilla controlaban a Skagway a través de una combinación de fraude, intimidación y violencia. Estableció una oficina de telégrafos y la usó para interceptar mensajes, obteniendo información valiosa sobre los recién llegados y su riqueza. La pandilla de Soapy, conocida como la "Soap Gang", participó en varias actividades ilegales, incluidos juegos de azar amañados, loterías falsas y extorsión. Él y sus secuaces a menudo atacaban a los recién llegados, robándoles su dinero.

El reinado de Soapy Smith en Skagway finalmente llamó la atención de las fuerzas del orden y los vigilantes que estaban decididos a limpiar la ciudad. En julio de 1898, se produjo un enfrentamiento conocido como el "Tiroteo en Juneau Wharf" entre la pandilla de Soapy y un grupo de vigilantes liderados por Frank Reid. Soapy Smith resultó herido de muerte en el tiroteo y murió al día siguiente.

La vida y las actividades criminales de Soapy Smith han sido objeto de numerosos libros, artículos e incluso algunas películas. Su nombre a menudo se asocia con la era de la anarquía fronteriza y los desafíos de mantener el orden en ciudades en rápido crecimiento y sin ley.

Una imagen de Soapy Smith

45. Antes de que la novela de Upton Sinclair de 1906, *The Jungle*, arrojara una luz abrasadora sobre la industria estadounidense de carne, la oscuridad reinaba en los corrales de la nación. El packingtown de Chicago, un extenso complejo de mataderos y plantas de procesamiento, se llenó de esa industria de carne que producía para una nación hambrienta. Sin embargo, debajo de la superficie de la prosperidad económica acechaba una realidad sombría para los hombres y mujeres que mantenían girando esos engranajes.

Estos trabajadores, atraídos por la promesa de salarios estables, provenían predominantemente de países como

Lituania, Polonia y Alemania. Sus diversos idiomas y orígenes chocaban en la cacofonía del matadero. Pero las dificultades compartidas forjaron una sombría camaradería. Sus días eran brutales: largas horas en condiciones húmedas y fétidas en medio del constante ruido sordo de las cuchillas, el hedor de la sangre y los despojos, y la amenaza siempre presente de lesionarse con la pobre maquinaria.

La seguridad era un privilegio fugaz, sacrificado por la conveniencia. Las sierras cortaban sus dedos, las extremidades se enredaban en los engranajes y el agotamiento borraba la visión, lo que provocaba más cortes y heridas. La enfermedad nacía entre la suciedad y el humo, y afectaba la salud de los trabajadores ya debilitados por la desnutrición y la escasa remuneración.

La codicia dictaba cada rincón de la operación. La carne considerada no apta para el consumo humano era reenvasada y vendida, productos contaminados disfrazados con productos químicos y conservantes. Los trabajadores, considerados engranajes reemplazables de esa máquina, vivían en viviendas estrechas y diminutas, bajo mando de los propietarios y cuidadores de los salones.

Sinclair, haciéndose pasar por un inmigrante lituano, entró a este mundo durante siete semanas. Su protagonista ficticio, Jurgis Rudkus, se convirtió en un recipiente para el sufrimiento colectivo que presenció. La transición de Jurgis de hombre esperanzado a hombre roto reflejaba el destino de innumerables trabajadores de la vida real. A través de él, Sinclair expuso la espantosa realidad de la industria: el desprecio insensible por la seguridad de los trabajadores, la adulteración desenfrenada de los alimentos y la explotación de los inmigrantes vulnerables.

El impacto del libro fue inmediato y visceral. La protesta pública obligó al presidente Theodore Roosevelt a iniciar una investigación, lo que llevó a la aprobación de la Ley de Alimentos y Medicamentos Puros y la Ley de Inspección de Carne de 1906. Si bien estas reformas no erradicaron todos los problemas, marcaron un punto de inflexión que obligó a la industria a reconocer su responsabilidad por la seguridad de los trabajadores y la calidad de los alimentos.

46. El 25 de marzo de 1911, hubo un enorme incendio en la fábrica Triangle Shirtwaist en la ciudad de Nueva York. La fábrica estaba ubicada en los pisos 8, 9 Y 10 del edificio Asch en Manhattan.

La Triangle Shirtwaist Factory era un taller clandestino de ropa donde mujeres y niñas predominantemente inmigrantes trabajaban largas horas en condiciones inseguras. Las trabajadoras producían blusas para mujeres.

El incendio comenzó en el octavo piso, probablemente debido a un cigarrillo desechado o una máquina de coser defectuosa, y se extendió rápidamente. Las puertas de la fábrica estaban cerradas con llave para evitar robos y roturas no autorizadas, lo que condujo a que las trabajadoras quedaran atrapadas en el interior. La falta de medidas de seguridad contra incendios, como rociadores y escaleras de incendios, dificultaba que las trabajadoras escaparan del fuego que avanzaba rápidamente. Las escaleras del departamento de bomberos no llegaban a los pisos superiores del edificio.

En un intento desesperado por escapar de las llamas, algunas trabajadoras saltaron de las ventanas y murieron en el pavimento. Otras fueron quemadas vivas o asfixiadas en las habitaciones repletas de humo. El incendio duró solo unos 18 minutos, pero provocó la muerte de 146 personas, la mayoría de las cuales eran mujeres jóvenes inmigrantes, muchas de ellas judías e italianas.

El incendio de la fábrica Triangle Shirtwaist conmocionó a la nación. Impulsó el movimiento de reforma laboral y condujo a una mayor conciencia de los derechos de los trabajadores y la necesidad de mejorar las condiciones de seguridad en las fábricas. Después del incendio, la protesta pública y el mayor activismo por los derechos de los trabajadores y las reformas de seguridad llevaron a cambios legislativos en el estado de Nueva York y, finalmente, en todo el país. Estas reformas incluían mejores regulaciones de seguridad contra incendios, leyes de compensación para trabajadores y el establecimiento de agencias de inspección de fábricas.

47. El movimiento por el sufragio femenino cobró impulso durante la era progresista, ya que las mujeres exigían derecho al voto. Los esfuerzos de las sufragistas y otras organizaciones condujeron a la aprobación y promulgación de la Decimonovena Enmienda en 1919 y 1920, respectivamente, que otorgaba a las mujeres el derecho al voto.

Sin embargo, no fue una camino tranquilo. Las activistas conocidas como "las Centinelas Silenciosas" estaban a la vanguardia del movimiento por el sufragio femenino. Se manifestaban en la Casa Blanca, exigiendo el derecho al voto de las mujeres. Muchas de estas sufragistas fueron arrestadas y, tras su arresto, soportaron duras condiciones en prisión.

El 14 de noviembre de 1917 (también conocida como la Noche del Terror), un grupo de treinta y tres sufragistas, incluidas Lucy Burns y Alice Paul, fueron trasladadas a la Casa de Trabajo Occoquan, donde fueron sometidas a un trato brutal por parte de los guardias de la prisión. Las mujeres fueron golpeadas, maltratadas verbalmente y alimentadas a la fuerza cuando se declararon en huelga de hambre para protestar por su encarcelamiento.

Uno de los incidentes más infames fue el de Alice Paul. Le colocaron una camisa de fuerza, la ataron a las barras de su celda y la abandonaron allí durante horas. Otras sufragistas se enfrentaron a una brutalidad similar. Algunas fueron arrojadas a celdas frías e insalubres y se les negaron las necesidades básicas.

Las noticias de la Noche del Terror se extendieron rápidamente, y llamó la atención sobre la causa de las sufragistas e intensificó el apoyo público al sufragio femenino. El duro trato que enfrentaron estos activistas ayudó a exponer la brutalidad de las autoridades y contribuyó a un cambio en la opinión pública.

Todas las sufragistas involucradas en la Noche del Terror fueron liberadas el 27 de noviembre. Solo le tomaría dos meses al presidente Woodrow Wilson, a quien se culpó de la crueldad, anunciar un proyecto de ley sobre el sufragio femenino.

Una imagen de las Centinelas Silenciosas protestando frente a la Casa Blanca

48. El presidente Theodore Roosevelt es bien conocido por sus reformas en el cargo. Sin embargo, desviémonos de nuestras historias de las reformas progresistas y centrémonos en algo diferente.

En noviembre de 1902, el presidente Theodore Roosevelt se embarcó en una expedición de caza en Misisipi, guiado por un famoso cazador de osos llamado Holt Collier. La expedición tenía como objetivo cazar osos negros de la zona. Después de días de caza, el grupo tuvo poco éxito, y el presidente Roosevelt estaba ansioso por encontrar un oso.

El 14 de noviembre, los perros de caza acorralaron a un oso negro. Roosevelt se acercó al oso, preocupado por su condición agotada e indefensa. Consideraba que era antideportivo disparar al oso en tal estado. En lugar de dispararle al oso, Roosevelt ordenó que lo sacaran de su miseria con un cuchillo, y cerró la caza sin dispararle al oso.

La noticia del acto de compasión del presidente Roosevelt se extendió rápidamente y capturó la imaginación del público. Un caricaturista político llamado Clifford Berryman representó la escena en una viñeta titulada "Drawing the Line in Mississippi", publicada en *The Washington Post* el 16 de noviembre de 1902. La caricatura mostraba a Roosevelt negándose a disparar al oso, y esta imagen pronto se volvió icónica.

El oso en la caricatura era representado como un pequeño y adorable cachorro de oso, que más tarde inspiró al dueño de una tienda de dulces de Brooklyn llamado Morris Michtom. La esposa de Morris Michtom, Rose, tuvo la idea de crear un oso de peluche basado en la caricatura. Lo llamaron "Teddy bear", combinando el apodo de Roosevelt ("Teddy") y "bear" (oso).

El oso de peluche se convirtió en una sensación y rápidamente ganó popularidad. La popularidad del oso de peluche llegó a la Ideal Novelty and Toy Company de los Michtom, y este se convirtió en un juguete preferido por los niños.

La compasión mostrada por Theodore Roosevelt durante la caza del oso inspiró la creación del oso de peluche y consolidó su reputación como líder compasivo.

49. A principios del siglo XX, Estados Unidos enfrentó una serie de pánicos financieros y crisis bancarias. Una de las más importantes de estas crisis ocurrió en 1907, conocida como el Pánico financiero de 1907. El pánico financiero de 1907 se caracterizó por una grave recesión financiera, corridas bancarias y una falta de control centralizado sobre el sistema monetario de la nación. La ausencia de un banco central dificultó la respuesta efectiva a la crisis.

El pánico fue provocado en gran medida por el intento de manipular el precio de las acciones de la United Copper Company, lo que llevó a una reacción en cadena de corridas bancarias e inestabilidad financiera. El destacado banquero y financiero J. P. Morgan desempeñó un papel clave para detener el caos. Morgan organizó personalmente un grupo de compañeros banqueros que unieron sus recursos para apoyar a los bancos con problemas y restaurar la confianza en el sistema financiero.

Si bien los esfuerzos de Morgan ayudaron a estabilizar la situación, también destacaron la necesidad de una solución más sistemática y permanente a las crisis financieras y la regulación del sistema bancario. A raíz del pánico de 1907, hubo un creciente consenso de que Estados Unidos necesitaba un sistema bancario central para proporcionar estabilidad, regular la oferta monetaria y actuar como prestamista de último recurso durante las crisis financieras.

En 1913, el presidente Woodrow Wilson firmó la Ley de la Reserva Federal, creando el Sistema de la Reserva Federal. La Reserva Federal se estableció como un banco central descentralizado con doce bancos regionales y una Junta de Gobernadores en Washington DC. La Reserva Federal tenía la autoridad para emitir moneda, establecer tasas de interés, regular los bancos y proporcionar una red de seguridad durante las emergencias financieras.

Se convirtió en la piedra angular del sistema monetario y financiero moderno de los Estados Unidos. A lo largo de los años, la Reserva Federal ha desempeñado un papel crucial en la gestión de la política monetaria del país, en la respuesta a las crisis financieras y en el fomento de la estabilidad económica.

50. La construcción del Canal de Panamá, una hazaña monumental de ingeniería, se completó en 1914. Esta vía fluvial conectaba los océanos Atlántico y Pacífico, y reducía significativamente el tiempo de viaje de los barcos, mejorando el comercio y el transporte internacional. El canal facilitó el comercio mundial y proyectó la destreza de la ingeniería estadounidense y el dominio estratégico en el escenario mundial. Esta maravilla de la ingeniería solidificó la posición de Estados Unidos como un jugador importante en los asuntos internacionales, y marcó el comienzo de una era de dominio estadounidense durante la mayor parte del siglo XX.

Una historia interesante relacionada con el canal de Panamá involucra los esfuerzos exitosos para combatir y erradicar las enfermedades transmitidas por mosquitos durante su construcción. La malaria y la fiebre amarilla constituyeron importantes amenazas para la salud de los trabajadores durante los primeros intentos de construcción del Canal de Panamá, especialmente durante las obras francesas de finales del siglo XIX. El proyecto francés, dirigido por Ferdinand de Lesseps, se enfrentó a importantes desafíos, incluidas las altas tasas de mortalidad de los trabajadores debido a estas enfermedades.

Cuando los Estados Unidos se hicieron cargo de la construcción del canal a principios del siglo XX, el ingeniero jefe John F. Stevens y más tarde el ingeniero jefe George W. Goethals implementaron una campaña integral de salud pública para abordar las enfermedades transmitidas por mosquitos. La campaña fue dirigida por el Dr. William C. Gorgas, cirujano y experto en saneamiento del Ejército de los Estados Unidos. Gorgas y su equipo se centraron en controlar la población de mosquitos, que transmitían enfermedades como la malaria y la fiebre amarilla. Implementaron medidas como el drenaje de agua estancada, la fumigación de edificios y la introducción de larvicidas para matar las larvas de mosquitos.

Uno de los avances más significativos fue el descubrimiento de que el *Aedes aegypti* era el principal vector de la fiebre amarilla. Al eliminar los criaderos de este mosquito específico, Gorgas y su equipo redujeron drásticamente la incidencia de la fiebre amarilla.

El control exitoso de las enfermedades transmitidas por mosquitos fue crucial para completar el canal de Panamá. Las mejores condiciones de salud pública permitieron una fuerza laboral estable y eficiente. El canal fue inaugurado oficialmente el 15 de agosto de 1914. Los esfuerzos para combatir las enfermedades durante la construcción del canal de Panamá fueron pioneros en el campo de la medicina tropical y contribuyeron a los avances en las prácticas de salud pública en todo el mundo.

Sección 6: De las victorias a la superpotencia; los años transformadores de 1914–1945 en la historia de los Estados Unidos

De 1914 a 1945, hubo varios acontecimientos importantes que dieron forma a la historia de Estados Unidos. La loca década de los veinte trajeron crecimiento económico, pero la Gran Depresión trajo consigo un declive. Los Estados Unidos entraron en la Segunda Guerra Mundial después del ataque a Pearl Harbor, y finalmente lanzaron bombas atómicas sobre Hiroshima y Nagasaki, allanando el terreno para la Guerra Fría.

Veamos algunas historias interesantes durante esta era moderna.

51. Mientras Europa se preparaba para el cataclismo de la Primera Guerra Mundial, un conflicto diferente hervía a fuego lento en todo el Río Grande. Los años que condujeron a la entrada de Estados Unidos en la guerra global en 1917 estuvieron marcados por la escalada de tensiones con México, una mezcla turbulenta de disturbios revolucionarios, escaramuzas fronterizas y personalidades enfrentadas.

    Las brasas de este conflicto fueron encendidas por la Revolución mexicana, una sangrienta lucha por la justicia social que estalló en 1910. Los intereses estadounidenses, particularmente las compañías mineras y petroleras, se vieron atrapados en el fuego cruzado. Las redadas en toda la frontera en manos de facciones revolucionarias lideradas por figuras carismáticas como Pancho Villa se convirtieron en algo común, y avivaron los temores de inestabilidad y amenazas a las vidas y propiedades estadounidenses.

El presidente Woodrow Wilson, un pacifista de corazón, navegó por este volátil paisaje con cautelosa neutralidad. Reconoció la legitimidad de las aspiraciones mexicanas de reforma, pero le preocupaba la escalada de violencia y la salvaguardia de los intereses estadounidenses. Este acto de equilibrio resultó cada vez más difícil a medida que los ataques fronterizos, particularmente la incursión de Villa en Columbus, Nuevo México, en 1916, se volvieron más audaces y descarados.

Allí entra el general John Pershing, una estrella en ascenso en el ejército de los EE. UU. Wilson, presionado por la indignación pública y las demandas de acción del Congreso, envió a Pershing a través de la frontera con la misión de capturar a Villa y restaurar el orden. La "Expedición Punitiva", como se la llamaba, se convirtió en un ejercicio frustrante. Pershing, un planificador meticuloso, luchó por localizar a Villa en el vasto desierto mexicano, mientras que el presidente mexicano Venustiano Carranza se opuso vehementemente a la incursión de la soberanía de su nación.

Mientras tanto, George Patton, al servicio de Pershing, perfeccionaba sus habilidades tácticas y su sed de acción. Aunque no lograron capturar a Villa, esto sirvió como entrenamiento para el ejército estadounidense, quien se preparó para el conflicto de mayor envergadura que se avecinaba.

Finalmente, la entrada de Estados Unidos en la Primera Guerra Mundial en 1917 desvió la atención de la frontera mexicana. La Expedición Punitiva se retiró, dejando atrás solo descontento y un recordatorio de la compleja y tensa relación entre las dos naciones.

52. Al principio de la Primera Guerra Mundial, Estados Unidos se mantuvo neutral, mientras que Alemania libró una guerra submarina sin restricciones contra el transporte marítimo aliado. En enero de 1917, la inteligencia británica interceptó un

telegrama codificado enviado por el ministro de Asuntos Exteriores alemán Arthur Zimmermann al embajador alemán en México, Heinrich von Eckardt.

El Telegrama de Zimmermann proponía una alianza militar entre Alemania y México en caso de que Estados Unidos entrara en la Primera Guerra Mundial del lado de los Aliados (Gran Bretaña, Francia y Rusia, entre otros). Alemania prometió a México apoyo financiero y la devolución del territorio perdido a los Estados Unidos, específicamente Texas, Nuevo México y Arizona.

Los descifradores británicos descifraron con éxito el telegrama y compartieron su contenido con Estados Unidos a finales de febrero de 1917. La revelación del Telegrama de Zimmermann tuvo un profundo impacto en los Estados Unidos. Levantó la indignación pública e influyó significativamente en la opinión pública con respecto a la guerra.

El 2 de abril de 1917, el presidente Woodrow Wilson pidió al Congreso una declaración de guerra contra Alemania, afirmando que el mundo debe ser seguro para la democracia. Los Estados Unidos ingresaron oficialmente a la Guerra Mundial el 6 de abril de 1917. La participación estadounidense en la guerra fue fundamental para inclinar la balanza a favor de los Aliados y, en última instancia, contribuyó a su victoria. El telegrama de Zimmermann se cita a menudo como un evento fundamental que llevó a la entrada de los Estados Unidos en la Primera Guerra Mundial.

Después de la guerra, los funcionarios alemanes confirmaron la autenticidad del Telegrama de Zimmermann, consolidando aún más su importancia histórica. El Telegrama de Zimmermann es un ejemplo convincente de cómo la inteligencia y la diplomacia se cruzaban durante la Primera Guerra Mundial. Su interceptación y divulgación demostraron el poder del desciframiento de códigos en la guerra.

53. Los años veinte fueron un período de prosperidad económica y cambio cultural, caracterizado por la introducción de nuevas tecnologías, la música jazz y la liberación social. Sin embargo, esta época también se vio empañada por la aprobación de la Decimoctava Enmienda, que prohibía la producción, venta y

transporte de licor.

Si bien tenía la intención de promover la templanza, la Prohibición dio lugar a un próspero comercio ilegal de alcohol y al surgimiento de poderosas organizaciones criminales. Una de las figuras más notorias de esta época fue Al Capone, también conocido como "Scarface". Capone saltó a la fama como gánster y contrabandista en Chicago, donde controlaba una parte significativa del comercio ilegal de alcohol. Su imperio criminal incluía bares clandestinos, cervecerías y una red de funcionarios corruptos. La operación de Capone estaba muy organizada, y se hizo conocido por su crueldad al eliminar rivales y mantener el control sobre su territorio. Sus actividades delictivas se extendían más allá del alcohol, e involucraban chantaje, juegos de azar y otras empresas ilícitas.

A pesar de la violencia a su pandilla, logró cultivar una imagen pública como una figura carismática y generosa. Por ejemplo, en respuesta a las dificultades económicas que enfrentaron muchos estadounidenses durante la Gran Depresión, Al Capone decidió establecer comedores populares para proporcionar comidas gratuitas a los necesitados. Estos comedores populares, a menudo organizados por los asociados de Capone, distribuían alimentos a las personas desempleadas y empobrecidas de Chicago.

Las motivaciones de Capone para estos esfuerzos caritativos eran probablemente complejas. Algunos especulan que vio esto como una forma de mejorar su imagen pública, especialmente dada la atención negativa que recibió por sus actividades delictivas. Además, las dificultades económicas de la Gran Depresión presentaron una oportunidad para que Capone ganara el favor del público.

La historia de Al Capone y la era de la Prohibición ofrece una ventana a la dinámica compleja y a menudo contradictoria de un período de transformación en la historia de Estados Unidos. A día de hoy, la Decimoctava Enmienda es la única enmienda en la Constitución de los Estados Unidos que ha sido derogada. La prohibición terminó en 1933.

Al Capone en 1930

54. En 1927, Charles Lindbergh logró una de las mayores hazañas de la historia de la aviación al convertirse en la primera persona en volar solo sin escalas a través del océano Atlántico. Este vuelo histórico le valió el reconocimiento internacional y marcó para siempre su lugar en los anales de la aviación.

El 20 de mayo de 1927, Lindbergh despegó de Roosevelt Field en Nueva York en su solitario viaje a París, Francia. El vuelo de Lindbergh cubrió una distancia de aproximadamente 3600 millas (5800 kilómetros). Navegó principalmente usando la navegación por estima y la navegación astronómica. El vuelo duró treinta y tres horas y treinta minutos.

Lindbergh aterrizó en Le Bourget Field en París el 21 de mayo de 1927, y lo recibieron como un héroe. Una multitud de 100.000 personas se reunieron para saludarlo, y se convirtió en una sensación internacional instantánea. Lindbergh recibió numerosos premios y honores por su logro, incluido el Premio Orteig, que ofrecía una recompensa de $ 25.000 por lograr el primer vuelo transatlántico sin escalas.

La vida de Charles Lindbergh dio un giro sombrío en 1932. Charles Lindbergh Jr., el hijo de veinte meses de Charles Lindbergh y su esposa, Anne Morrow Lindbergh, fueron secuestrados en Hopewell, Nueva Jersey. El secuestro del bebé de Lindbergh se convirtió en un caso sensacional y de alto perfil, que finalmente condujo a una de las investigaciones criminales más famosas de la historia de Estados Unidos.

En la noche del 1ero de marzo de 1932, secuestraron al bebé de Lindbergh a través de una ventana abierta. Dejaron una nota de rescate escrita a mano que exigía 50.000 dólares.

Los Lindbergh cumplieron con las demandas de rescate e iniciaron negociaciones con el secuestrador, quien utilizó una serie de cartas y llamadas telefónicas codificadas para comunicarse. Pagaron el rescate, pero no devolvieron al bebé.

En mayo de 1932, encontraron los restos del bebé en una zona boscosa a unas 4,5 millas de la casa de Lindbergh. Una autopsia determinó que el niño había muerto por una fractura de cráneo.

La investigación condujo al arresto de Bruno Hauptmann, un inmigrante alemán que tenía parte del dinero del rescate en su poder. Hauptmann fue juzgado, declarado culpable de secuestro y asesinato, y posteriormente ejecutado en la silla eléctrica en 1936. A día de hoy, la gente no está segura de si Hauptmann era culpable.

El caso de secuestro de bebés de Lindbergh tuvo un profundo impacto en la ley estadounidense, lo que llevó a la Ley Federal de Secuestro, también conocida como la "Ley Lindbergh", que convierte al secuestro en un delito federal si la víctima cruza las fronteras estatales. También aumentó las medidas de seguridad y la conciencia en torno a la seguridad de los niños.

55. El 29 de octubre de 1929, el mercado de valores se desplomó, marcando el comienzo de la Gran Depresión, la peor recesión económica en la historia de los Estados Unidos. La Gran Depresión, que se extendió desde 1929 hasta finales de la década de 1930, fue un período de dificultades económicas sin precedentes. La caída del mercado de valores de 1929 desencadenó un devastador efecto dominó, que llevó a un desempleo generalizado, fracasos empresariales y ruina

financiera. El corazón industrial de la nación se vio particularmente afectado, ya que las fábricas cerraron y los trabajadores perdieron sus trabajos. Los agricultores lucharon contra la caída de los precios de los cultivos y las duras condiciones climáticas, mientras que la pobreza y el hambre crecían desenfrenadamente.

Después de la Primera Guerra Mundial, el Congreso aprobó una legislación que prometía un bono a los veteranos, pero el pago no se programó hasta 1945. A medida que la Gran Depresión se profundizó, muchos veteranos se encontraron en circunstancias económicas extremas. En respuesta, un grupo de aproximadamente 20.000 veteranos, conocido como la *Fuerza Expedicionaria de Bonificación o el Bonus Army (Ejército de Bonificación)*, marchó a la capital de la nación en el verano de 1932 para exigir el pago inmediato de sus bonificaciones. Los veteranos establecieron campamentos improvisados en Washington DC y sus alrededores, con la esperanza de llamar la atención sobre su causa. Ocuparon edificios gubernamentales, incluidos edificios federales abandonados y un área frente al Capitolio conocida como "Anacostia Flats". El Bonus Army esperaba influir en el Congreso para que aprobara una legislación para el pago anticipado de sus bonificaciones.

A medida que avanzaba el verano, las tensiones aumentaron y la situación se volvió más polémica. Los veteranos se enfrentaron a la resistencia de las autoridades locales. El presidente Herbert Hoover ordenó la evacuación de los campamentos del Bonus Army. El 28 de julio de 1932, el Ejército de los Estados Unidos, dirigido por el general Douglas MacArthur y el mayor Dwight D. Eisenhower, quienes desempeñarían papeles importantes en la Segunda Guerra Mundial, retiró por la fuerza a los veteranos de sus campamentos. Se utilizaron gases lacrimógenos y fuerza militar para dispersar a los manifestantes.

El desalojo del Bonus Army fue un evento muy publicitado y controvertido. Las imágenes de los militares estadounidenses enfrentándose a los veteranos de la Primera Guerra Mundial atrajeron una atención generalizada y contribuyeron a la percepción pública negativa del manejo de la crisis económica por parte del presidente Hoover.

El Bonus Army enfrentando a la policía en 1932
https://commons.wikimedia.org/wiki/File:Bonus_marchers_05510_2004_001_a.gif

56. Durante la Gran Depresión de la década de 1930, surgieron los Hoovervilles (barrios pobres de viviendas improvisadas que albergaban a estadounidenses desempleados sin hogar) en varias ciudades de los Estados Unidos. Uno de los Hoovervilles más conocidos se encontraba en la ciudad de Nueva York, justo en el corazón del Central Park de Manhattan.

Este Hooverville, a menudo llamado el "Hooverville de Central Park", se estableció a principios de la década de 1930. El Hooverville de Central Park fue el hogar de cientos de personas y familias sin hogar que habían perdido sus empleos, hogares y ahorros debido a las dificultades económicas de la Gran Depresión. Los residentes de este Hooverville construían sus casas con cualquier material que encontraran, como cartón, restos de madera y metal. Las chozas y tiendas de campaña estaban densamente apiñadas en la zona, creando una comunidad improvisada.

La vida en este Hooverville era un desafío, ya que los residentes carecían de acceso a servicios básicos como agua corriente e instalaciones de saneamiento. La comunidad enfrentaba hacinamientos, falta de higiene y refugio inadecuado, pero era un espacio que proporcionaba un sentido de comunidad y apoyo para sus habitantes.

Además de las terribles condiciones de vida, los residentes se enfrentaban a la constante amenaza de desalojo. Los funcionarios de la ciudad y las autoridades del parque a menudo intentaban desarmar el Hooverville, pues lo veían como una monstruosidad y una violación de las regulaciones del parque.

El Hooverville de Central Park se convirtió en un símbolo del sufrimiento económico y la falta de vivienda causados por la Gran Depresión. Fotógrafos y periodistas documentaron la vida en este Hooverville, llamando la atención sobre la difícil situación de las personas sin hogar durante este difícil período.

A medida que el país emergió lentamente de la Gran Depresión e implementó programas de ayuda bajo el New Deal del presidente Franklin D. Roosevelt, las condiciones en los Hoovervilles mejoraron gradualmente. El Hooverville de Central Park fue finalmente desmantelado a mediados de la década de 1930, pero su existencia sirve como un recordatorio duradero de las dificultades económicas y los desafíos sociales que enfrentaron los estadounidenses durante la Gran Depresión.

57. El 29 de diciembre de 1940, Roosevelt anunció que Estados Unidos sería el "Arsenal de la Democracia", y se comprometió a proporcionar ayuda militar y apoyo a los países que luchaban contra las potencias del Eje en la Segunda Guerra Mundial. Los Estados Unidos se convirtieron en un importante proveedor de material de guerra, y contribuyeron significativamente a la eventual victoria de los Aliados. Estados Unidos le dio a la URSS más de 400.000 camiones.

Sí, aunque Estados Unidos y Rusia a menudo están en desacuerdo, los dos fueron aliados durante la Segunda Guerra Mundial. Como parte del programa de Préstamo y Arriendo, Estados Unidos proporcionó ayuda militar a la Unión Soviética, que era un socio crucial en el Frente Oriental contra la Alemania nazi.

Un aspecto notable del programa de Préstamo y Arriendo fueron las entregas de aviones a la Unión Soviética mediante el uso de una ruta conocida como la vía aérea Alaska-Siberia (ALSIB). Esta vía aérea permitía que aviones de fabricación estadounidense volaran desde los Estados Unidos a la Unión Soviética, cruzando Alaska y Siberia.

Los pilotos, muchos de los cuales eran aviadores civiles, desempeñaron un papel crucial en la entrega de la aeronave. Volaron los aviones a través del traicionero terreno de Alaska y las vastas distancias de Siberia, enfrentando condiciones climáticas extremas, vuelos largos y una navegación desafiante.

Uno de los aviones entregados a través de la ruta ALSIB fue el Bell P-39 Airacobra. Este avión de combate de motor único, equipado con un cañón único en el centro, se convirtió en un activo importante para la Fuerza Aérea Soviética en el Frente Oriental.

La ruta ALSIB fue testigo de cientos de entregas exitosas de aviones estadounidenses a la Unión Soviética durante la guerra. La cooperación a través del programa de Préstamo y Arriendo, incluidos los increíbles vuelos de la ruta ALSIB, fortaleció el esfuerzo aliado contra las potencias del Eje y mostró la escala global de colaboración durante la Segunda Guerra Mundial.

58. El 7 de diciembre de 1941, los japoneses atacaron Pearl Harbor, lo que llevó a los Estados Unidos a entrar en la Segunda Guerra Mundial. No hace falta decir que el ataque a Pearl Harbor fue un momento crucial en la historia de Estados Unidos, y marcó la entrada de la nación en la Segunda Guerra Mundial dando forma a su política exterior en las próximas décadas. Las ramificaciones inmediatas del ataque fueron devastadoras: dos mil estadounidenses murieron, hubo cientos de heridos y siete barcos hundidos.

Durante el ataque sorpresa de los japoneses, el USS *Nevada* estaba amarrado en el Battleship Row, en el lado sur de la isla Ford. El barco era uno de los objetivos principales y sufrió varios impactos de bombas y torpedos. A pesar de estar muy dañado, la tripulación del USS *Nevada*, bajo el mando del capitán Francis W. Scanland, logró poner en marcha el barco.

Al darse cuenta de que el acorazado estaba en peligro de hundirse y bloquear la entrada del puerto, el capitán Scanland ordenó al USS *Nevada* que se dirigiera a mar abierto. Bajo el intenso fuego enemigo, el barco hizo un jugado intento de escapar del puerto. A pesar de sufrir más daños y ataques de aviones japoneses, el USS *Nevada* navegó con éxito por el canal del puerto. La tripulación encalló intencionalmente el acorazado en el Hospital Point para evitar que se hundiera en la entrada del puerto.

La puesta a tierra del USS *Nevada* tuvo implicaciones estratégicas. Permitió que el barco evitara obstruir el puerto y permitió que Estados Unidos lo rescatara y eventualmente lo reparara. Después del ataque, el USS *Nevada* fue reparado, modernizado y regresó al servicio activo posterior dentro del Pacífico.

La historia del intento de escape del USS *Nevada* durante el ataque a Pearl Harbor muestra la determinación, el ingenio y la valentía de los estadounidenses en circunstancias difíciles. La exitosa encalladura del barco y su posterior recuperación se convirtieron en un símbolo de resistencia ante la adversidad durante uno de los días más oscuros de la historia militar estadounidense.

El USS Nevada en 1944

58. Estados Unidos lanzó bombas atómicas sobre las ciudades japonesas de Hiroshima y Nagasaki a principios de agosto de 1945, lo que llevó a la rendición de Japón y al final de la Segunda Guerra Mundial.

Si bien es difícil saberlo con certeza, se cree que los bombardeos atómicos de Hiroshima y Nagasaki causaron entre

129.000 y 226.000 muertes japonesas, y la mayoría de las víctimas murieron inmediatamente después de las explosiones. Los bombardeos también causaron lesiones generalizadas y efectos a largo plazo en la salud, incluidas enfermedades por radiación y cáncer.

En 1955, diez años después del bombardeo, un grupo de veinticinco mujeres japonesas que habían sobrevivido a la explosión atómica buscaron ayuda médica en los Estados Unidos para abordar las desfiguraciones graves y las cicatrices causadas por la radiación. Las mujeres japonesas fueron víctimas de los efectos a largo plazo de la bomba atómica, enfrentando desafíos físicos y sociales debido a su apariencia.

Hubo un movimiento humanitario para llevar a estas mujeres a los Estados Unidos para recibir tratamiento médico y cirugía reconstructiva. La iniciativa fue dirigida por el Dr. Tatsuo Yamada, un cirujano plástico japonés, y el periodista Norman Cousins, quien ayudó a coordinar el proyecto. El programa se llamó "Hiroshima Maidens" (Señoritas de Hiroshima).

Las Señoritas de Hiroshima llegaron a los Estados Unidos en 1955, donde recibieron atención médica, cirugías y rehabilitación en el Hospital Mount Sinai en la ciudad de Nueva York. El tratamiento tenía como objetivo mejorar tanto su salud física como su bienestar social abordando los efectos visibles de la bomba atómica.

La historia de las Señoritas de Hiroshima atrajo una atención significativa de los medios de comunicación, y las mujeres se convirtieron en símbolos de las consecuencias a largo plazo de la guerra nuclear. El programa brindó atención médica y facilitó el intercambio cultural y el entendimiento entre los sobrevivientes japoneses y la comunidad médica estadounidense.

59. A fines de la década de 1940, después de las exitosas pruebas de bombas atómicas en el desierto de Nuevo México, el Proyecto Manhattan continuó su investigación para mejorar el diseño y la eficiencia de estas armas. Un componente crítico de la bomba atómica era una esfera de material fisible, generalmente plutonio o uranio, que podría sostener una reacción nuclear en cadena cuando se llevara a una masa crítica. Este núcleo a menudo se denominaba "pozo".

En agosto de 1945, unos días antes del bombardeo de Nagasaki, el físico Harry Daghlian estaba realizando experimentos en el Laboratorio de Los Álamos en Nuevo México. Estaba trabajando con un núcleo de plutonio, más tarde conocido como el "núcleo demoníaco". Daghlian estaba realizando un experimento crítico para medir los efectos de colocar ladrillos de carburo de tungsteno alrededor del núcleo de plutonio, esencialmente probando qué tan cerca podría estar el núcleo de alcanzar una masa crítica sin causar una reacción nuclear en cadena. Durante el experimento, a Daghlian se le cayó accidentalmente un ladrillo sobre el núcleo de plutonio, lo que trajo consecuencias supercríticas. La radiación de neutrones inundó la habitación, y Daghlian se dio cuenta rápidamente del peligro en el que se encontraba. Con un esfuerzo heroico, Daghlian retiró el ladrillo e intentó limitar su exposición a la radiación, pero ya era tarde; había recibido una dosis letal de radiación durante el incidente.

Daghlian fue trasladado de urgencia al hospital y, a pesar de los mejores esfuerzos del personal médico, murió veinticinco días después, el 15 de septiembre de 1945, convirtiéndose en la primera víctima mortal por exposición a radiación.

El "núcleo demoníaco" estuvo involucrado en otro accidente menos de un año después, cuando el físico Louis Slotin realizaba un experimento similar. Slotin también murió por exposición a la radiación, enfatizando aún más los peligros de trabajar con materiales fisibles.

Estos incidentes contribuyeron a una mayor conciencia de los peligros de la investigación nuclear y la necesidad de protocolos de seguridad estrictos en las instalaciones nucleares. También desempeñaron un papel en el desarrollo de medidas y procedimientos de seguridad para el manejo de materiales fisibles.

Sección 7: El destino de los Estados Unidos entre 1946 y 1980

De 1946 a 1980, varios eventos fundamentales dieron forma a la historia de los Estados Unidos. Las tensiones de la Guerra Fría entre Estados Unidos y la Unión Soviética allanaron el terreno con guerras indirectas como la guerra de Corea y la guerra de Vietnam. *El caso Brown contra Consejo de Educación de* Topeka consideró inconstitucional la segregación escolar, y fomentó el movimiento de derechos civiles. El escándalo de Watergate y la renuncia de Nixon expusieron la corrupción.

¡Eche un vistazo a algunas historias interesantes de este período!

60. El Plan Marshall era un programa estadounidense que proporcionaba ayuda a Europa Occidental después de la devastación de la Segunda Guerra Mundial. Fue promulgado en 1948 y proporcionó más de quince mil millones de dólares para ayudar a financiar los esfuerzos de reconstrucción en Europa. El plan tenía como objetivo restaurar la estabilidad económica, prevenir la propagación del comunismo y fomentar la interdependencia económica entre Europa y los Estados Unidos.

Después de la Segunda Guerra Mundial, Francia enfrentó graves desafíos económicos, incluido una base industrial paralizada, escasez de alimentos y una economía complicada. El Plan Marshall desempeñó un papel crucial para ayudar a Francia a reconstruir y revitalizar su economía. Un ejemplo notable es la transformación de la ciudad francesa de Le Havre.

Le Havre había sufrido grandes daños durante la guerra, y su puerto, crítico para el comercio y la actividad económica, estaba en ruinas. La ciudad fue seleccionada como beneficiaria de la ayuda del Plan Marshall. Bajo el liderazgo de Auguste Perret, un arquitecto francés, Le Havre se sometió a un notable proyecto de reconstrucción. Perret adoptó técnicas innovadoras de planificación urbana y arquitectura, incluido el uso de hormigón armado, para reconstruir la ciudad de manera rápida y eficiente. La reconstrucción de Le Havre se convirtió en un escaparate del diseño urbano moderno y la recuperación de la posguerra.

En 1950, Le Havre se dio a conocer oficialmente como un brillante ejemplo de la exitosa implementación del Plan Marshall. La ciudad reconstruida contaba con amplias calles, edificios modernos y un puerto revitalizado. La transformación de Le Havre simbolizó no solo la reconstrucción física de una Europa devastada por la guerra, sino también el renacimiento económico y social que hizo posible el Plan Marshall.

61. En 1950, las fuerzas norcoreanas invadieron Corea del Sur, lo que llevó a un conflicto de tres años. Estados Unidos y otros aliados intervinieron para apoyar a Corea del Sur contra la agresión comunista. La guerra de Corea fue una guerra de poder entre los Estados Unidos y la Unión Soviética, que contribuyó a las tensiones de la Guerra Fría.

Una batalla notable de esta guerra tuvo lugar en Inchon. Inchon es una ciudad portuaria en la costa oeste de Corea. Durante la guerra, estaba fuertemente fortificada y se consideraba un lugar poco probable para una invasión anfibia debido a sus desafiantes condiciones de marea. Las mareas en Inchon se encontraban entre las más altas del mundo, con un alcance de hasta treinta y seis pies. Esto la convertía en una opción arriesgada y poco convencional para una guerra anfibia.

El general Douglas MacArthur, Comandante Supremo del Comando de las Naciones Unidas, fue en contra del consejo de muchos asesores militares e ideó un plan para lanzar un ataque sorpresa en Inchon. La operación, cuyo nombre en código era Operación Chromite, tenía como objetivo aislar a las fuerzas norcoreanas y aliviar la presión sobre las fuerzas de las Naciones

Unidas, que habían sido llevadas al perímetro de Pusan en la parte sureste de la península de Corea.

El 15 de septiembre de 1950, las fuerzas de la ONU lanzaron un audaz ataque anfibio a Inchon. El éxito de la operación se basó en una brecha de tiempo preciso en que las mareas estaban en su punto más alto. El elemento sorpresa, combinado con la audacia de atacar un lugar tan desafiante, sorprendió a las fuerzas norcoreanas con la guardia baja.

El ataque a Inchon resultó ser un golpe maestro, ya que las fuerzas de la ONU rápidamente aseguraron la ciudad y comenzaron a cambiar el rumbo de la guerra. Suele atribuirse la alteración del curso de la guerra de Corea a esta exitosa operación.

La guerra de Corea acabaría en un punto muerto. Algunos creen que las dos partes permanecieron en un conflicto silencioso, ya que nunca se firmó ningún tratado de paz que marcara el final de la guerra. Sin embargo, la batalla de Inchon sigue siendo un ejemplo notable de estrategia militar y toma de decisiones audaces, que muestra el liderazgo del General MacArthur y la efectividad de las operaciones anfibias bien ejecutadas en entornos no convencionales.

62. Linda Brown era una estudiante de tercer grado en Topeka, Kansas. Tenía que caminar una distancia considerable hasta su escuela segregada negra, a pesar de tener una escuela de blancos mucho más cerca de su casa. Su padre, Oliver Brown, se sintió frustrado con estas desigualdades educativas y decidió tomar medidas. En 1950, Oliver Brown, junto con varios otros padres afroamericanos, presentó una demanda colectiva contra la Junta de Educación de Topeka, Kansas.

Su caso, junto a otros casos de Delaware, Carolina del Sur, Virginia y Washington DC, se consolidó en lo que se conoció como *Caso Brown contra Consejo de Educación de Topeka*. Los demandantes argumentaron que la segregación racial en las escuelas públicas era una violación de la Decimocuarta Enmienda, que garantiza la igualdad de derechos a todos los ciudadanos.

El caso fue argumentado ante el Tribunal Supremo en 1952 y 1953. En 1954, la Corte Suprema, en una decisión unánime, falló a favor de los demandantes, declarando que las leyes estatales que establecían escuelas públicas separadas para estudiantes negros y blancos eran inconstitucionales. La decisión histórica en el *Caso Brown contra Consejo de Educación de Topeka* anuló el precedente establecido por el caso *Plessy contra Ferguson* de 1896, que defendía el concepto de instalaciones "separadas pero iguales" para diferentes razas.

Linda Brown era solo una niña en ese momento, pero se convirtió en un símbolo de la lucha contra la segregación racial en la educación. La decisión tras el *caso Brown* marcó un momento crucial en el movimiento de derechos civiles y sentó las bases para desmantelar la segregación en todas las áreas de la vida pública en los Estados Unidos. El legado de este caso continúa influyendo en las discusiones sobre la igualdad de acceso a la educación y los derechos civiles.

63. El 1^{ero} de diciembre de 1955, Rosa Parks, costurera y activista de los derechos civiles, viajaba en un autobús en Montgomery, Alabama, después de un largo día de trabajo. Estaba sentada en la sección "de color" del autobús, que era la disposición de asientos separada de acuerdo a las razas.

A medida que el autobús continuaba su ruta, se llenó de gente y algunos pasajeros blancos se quedaron de pie. El conductor del autobús, James F. Blake, exigió que Rosa Parks y otros tres pasajeros afroamericanos cedieran sus asientos a los pasajeros blancos. Rosa Parks tomó la valiente decisión de negarse a ceder su asiento a un hombre blanco, ya que eso iba en contra de las leyes de segregación de la ciudad.

El acto de desobediencia civil de Parks condujo a su arresto y posteriores cargos de violación de las leyes de segregación. Fue detenida por la policía y pasó la noche en la cárcel. La noticia de su arresto se extendió rápidamente, provocando indignación y movilizando a la comunidad afroamericana en Montgomery.

Los líderes de la Asociación para el Mejoramiento de Montgomery (MIA), incluido un joven ministro llamado Martin Luther King Jr., organizaron un boicot de los autobuses de la ciudad en protesta por el arresto de Parks y la segregación racial en el transporte público. El boicot a los autobuses de Montgomery duró 381 días. Los afroamericanos en Montgomery se negaron a viajar en los autobuses de la ciudad, lo que causó una presión financiera significativa en el sistema de transporte. El éxito del boicot llamó la atención de la nación y el mundo, atrayendo el apoyo de activistas de derechos civiles, simpatizantes y líderes de todo el país.

En 1956, la Corte Suprema de los Estados Unidos dictaminó en el caso de *Browder v. Gayle* que la segregación racial en los autobuses de Montgomery era inconstitucional, acabando efectivamente con la segregación en el transporte público de la ciudad. El coraje de Rosa Parks y el boicot a los autobuses de Montgomery marcaron un punto de inflexión en el movimiento de derechos civiles. Sus acciones y la posterior victoria legal demostraron el poder de la protesta no violenta y el activismo de base.

Rosa Parks en 1955. Se puede ver a Martin Luther King Jr. en el fondo
https://commons.wikimedia.org/wiki/File:Rosaparks.jpg

64. Durante el apogeo de la Guerra Fría, los Estados Unidos llevaron a cabo extensas misiones de vigilancia sobre la Unión Soviética para recopilar información. El avión espía U-2 era una herramienta crucial en estos esfuerzos debido a sus capacidades de gran altitud.

El 1ero de mayo de 1960, un avión espía U-2 pilotado por Francis Gary Powers despegó de Pakistán en una misión de reconocimiento para fotografiar instalaciones militares soviéticas. La misión, cuyo nombre en código era Operación Grand Slam, tenía como objetivo recopilar información valiosa sobre las capacidades nucleares de la Unión Soviética.

Mientras volaba sobre territorio soviético, fue detectado por un radar. A pesar de su gran altitud, la nave no pudo evitar el ataque de un misil superficie-aire. El U-2 de Powers fue derribado y capturado por las autoridades soviéticas.

Powers sobrevivió al accidente y fue detenido. En un primer momento, el gobierno de los Estados Unidos afirmó que el U-2 era un avión de reconocimiento meteorológico que se había desviado de su curso hacia territorio soviético. Sin embargo, la Unión Soviética presentó algunas fotos tomadas por el equipo de cámara de Powers como pruebas de su misión de espionaje.

El incidente del U-2 causó una gran crisis diplomática entre los Estados Unidos y la Unión Soviética. Los soviéticos acusaron a los EE. UU. de realizar vuelos de espionaje, lo que Estados Unidos negó al inicio, pero luego admitió ser verdad.

Powers fue juzgado en la Unión Soviética y condenado a diez años de prisión por espionaje. Pasó más de un año en cautiverio y luego fue intercambiado por el espía soviético Rudolf Abel en un intercambio de prisioneros de alto perfil en el puente Glienicke, Berlín, en 1962.

El incidente del U-2 provocó un mayor escrutinio de los esfuerzos de reconocimiento de los Estados Unidos y el desarrollo de métodos alternativos de vigilancia. Sin embargo, el avión espía U-2 permaneció en servicio y desempeñó un papel en misiones posteriores de recopilación de inteligencia durante la Guerra Fría.

65. La Crisis de los misiles en Cuba (1962) fue un tenso enfrentamiento entre Estados Unidos y la Unión Soviética por la presencia de misiles nucleares soviéticos en Cuba, a solo noventa millas de la costa de Florida.

Para recopilar información crucial sobre las instalaciones de misiles en Cuba, Estados Unidos realizó vuelos de reconocimiento utilizando aviones espía U-2. Estos vuelos a gran altitud permitieron a los Estados Unidos monitorear la situación y proporcionar evidencia fotográfica al mundo.

El 27 de octubre de 1962, durante el apogeo de la crisis, el piloto del U-2, el Mayor Rudolf Anderson Jr., estaba en una misión de reconocimiento sobre tierra cubana. Volaba a una altitud de 70.500 pies, muy por encima del alcance de los misiles soviéticos. A pesar de la altitud, los generales soviéticos ordenaron que se disparara un misil contra el avión U-2 de Anderson. El misil golpeó el avión, lo que destruyó el avión y mató a Anderson. Se convirtió en la única víctima de combate de la Crisis de los misiles en Cuba.

La trágica muerte de Rudolf Anderson remarcó los riesgos extremadamente altos de la Crisis de los Misiles en Cuba y los peligros que enfrentan las personas involucradas en misiones de inteligencia. Su sacrificio sirvió como un recordatorio conmovedor de la necesidad de información precisa y diplomacia en tiempos de crisis internacional. También contribuyó a la resolución de la crisis, ya que se hizo evidente que era preferible buscar una solución pacífica a lidiar con las consecuencias potencialmente catastróficas de una guerra nuclear.

La Crisis de los misiles en Cuba finalmente se resolvió mediante negociaciones, con el acuerdo de Estados Unidos de retirar sus misiles de Turquía y el acuerdo de los soviéticos de desmantelar sus instalaciones de misiles en Cuba.

66. El Dr. Martin Luther King Jr. fue una figura central en el movimiento de derechos civiles y desempeñó un papel crucial en la defensa de la aprobación de la Ley de Derechos Civiles de 1964.

A principios de la década de 1960, el Dr. King y otros líderes de derechos civiles organizaron una serie de protestas no violentas, que incluyeron sentadas, marchas y campañas de registro de votantes, para desafiar la segregación y la discriminación en los Estados Unidos. Estas protestas, en particular la campaña de Birmingham en 1963, atrajeron la atención nacional y ejercieron una inmensa presión sobre el gobierno federal para que abordara los problemas de derechos civiles.

El 28 de agosto de 1963, el Dr. King pronunció su icónico discurso "Tengo un sueño" durante la Marcha en Washington por el Empleo y la Libertad, que tuvo lugar en el Lincoln Memorial (Washington DC). Sus poderosas e inspiradoras palabras resonaron en millones de estadounidenses y ayudaron a galvanizar el apoyo a la legislación de derechos civiles.

El presidente John F. Kennedy fue inicialmente cauteloso al presionar por una legislación integral de derechos civiles, por temor a la reacción violenta de los legisladores segregacionistas del sur. Sin embargo, el impulso del movimiento de derechos civiles y el imperativo moral se hicieron cada vez más evidentes.

Trágicamente, el presidente Kennedy fue asesinado el 22 de noviembre de 1963. Su sucesor, el presidente Lyndon B. Johnson, reconoció la necesidad de honrar el legado de Kennedy y avanzó con la legislación de derechos civiles.

El presidente Johnson, que había servido en el Senado y entendía cómo encarar el proceso legislativo, utilizó sus habilidades políticas para impulsar la Ley de Derechos Civiles de 1964. También utilizó su relación con los legisladores para asegurar su apoyo al proyecto de ley. El 2 de julio de 1964, el presidente Johnson firmó la Ley de Derechos Civiles. La ley prohibía la discriminación por motivos de raza, color, religión, sexo u origen nacional, ponía fin a la segregación en lugares públicos y prohibía la discriminación en el empleo.

El liderazgo del Dr. Martin Luther King Jr. y los esfuerzos de innumerables activistas en todo el país jugaron un papel importante en la creación de la demanda pública de la Ley de Derechos Civiles. La aprobación de la Ley de Derechos Civiles de 1964 marcó un antes y un después en la historia del racismo institucional y el avance de los derechos civiles en los Estados Unidos. Sigue siendo una legislación histórica en la historia de Estados Unidos.

67. El 20 de julio de 1969, la misión Apolo 11 de la NASA logró la hazaña histórica de aterrizar a dos astronautas, Neil Armstrong y Edwin "Buzz" Aldrin, en la superficie de la luna. Michael Collins permaneció en órbita alrededor de la luna a bordo del módulo de comando.

Cuando el módulo lunar *Eagle* descendió a la superficie de la luna, Neil Armstrong, el comandante de la misión, tomó el control de la nave espacial. La situación se volvió tensa al encontrarse con un sitio de aterrizaje rocoso y desigual con solo segundos de combustible. Las excepcionales habilidades de pilotaje de Armstrong le permitieron maniobrar manualmente la nave espacial, y evitaron un aterrizaje potencialmente catastrófico. Con solo veinticinco segundos de combustible, Armstrong aterrizó con seguridad en la superficie de la luna.

El momento histórico ocurrió cuando Neil Armstrong descendió por la escalera del módulo lunar y se convirtió en el primer humano en poner un pie en la luna. Él dijo: "Es un pequeño paso para el hombre, un gran salto para la humanidad". La cita tenía la intención de transmitir la importancia de este logro para toda la humanidad. Y no solo para ese hombre en particular. Algunos dicen que la frase no fue exactamente así.

Independientemente de la redacción exacta, el primer paso de Armstrong en la luna fue un momento extraordinario que fascinó al mundo entero y marcó un hito histórico en la exploración espacial. Buzz Aldrin acompañó a Armstrong en la superficie de la luna y juntos realizaron experimentos, plantaron la bandera estadounidense y recolectaron muestras de la luna durante sus dos horas y media fuera del módulo lunar.

El exitoso regreso de los astronautas del Apolo 11 a la Tierra el 24 de julio de 1969 marcó la conclusión de esta misión histórica y un logro monumental en la historia de la humanidad. El alunizaje del Apolo 11 sigue siendo uno de los eventos más emblemáticos de la historia de la humanidad, y representa el pináculo del logro humano en la exploración espacial. Las famosas palabras de Neil Armstrong al pisar la superficie lunar siguen inspirando a generaciones y nos recuerdan las increíbles capacidades de la ciencia y la tecnología.

Buzz Aldrin saluda a la bandera estadounidense
https://en.wikipedia.org/wiki/File:Buzz_salutes_the_U.S._Flag.jpg

68. La guerra de Vietnam (1955-1975) marcó un período tumultuoso en la historia de los Estados Unidos, caracterizado por la creciente participación del país en un conflicto altamente controvertido que provocó protestas y manifestaciones generalizadas. Esta guerra divisiva, arraigada en la lucha de la Guerra Fría entre el comunismo y la democracia, envolvió a los Estados Unidos en un esfuerzo militar prolongado y costoso para apoyar a Vietnam del Sur contra el Vietnam comunista del Norte y sus aliados.

En diciembre de 1972, Estados Unidos entabló negociaciones con Vietnam del Norte para poner fin a la guerra. Sin embargo, las conversaciones de paz habían llegado a un punto muerto, y el presidente Richard Nixon decidió tomar medidas drásticas para impulsar una resolución. El 18 de diciembre de 1972, comenzó la Operación Linebacker II, más tarde llamada el "Bombardeo de Navidad".

En el transcurso de once días, del 18 al 29 de diciembre, Estados Unidos llevó a cabo una intensa campaña de bombardeos contra Hanoi y Haiphong en Vietnam del Norte. El objetivo era obligar a Vietnam del Norte negociar. Buscaban lograr esto infligiendo un daño significativo en su infraestructura y capacidades militares. La campaña de bombardeos implicó el uso de bombarderos B-52 Stratofortress y otros aviones que lanzaban una gran cantidad de bombas sobre objetivos designados. La escala y la intensidad de los bombardeos no tenían precedentes, y Estados Unidos arrojó más de veinte mil toneladas de bombas durante este período.

El bombardeo de Navidad tuvo un profundo impacto tanto en Vietnam del Norte como en la comunidad internacional. Causó una destrucción generalizada y víctimas civiles, despertando críticas de todo el mundo. La intensa reacción pública y la presión diplomática contribuyeron a la reanudación de las conversaciones de paz.

Sorprendentemente, a pesar de la devastación causada por los bombardeos, las conversaciones de paz se reanudaron en enero de 1973, y llevaron a la firma de los Acuerdos de Paz de París a finales de ese mes. Estos acuerdos allanaron el camino para la retirada de las fuerzas estadounidenses de Vietnam y establecieron un alto el fuego. El bombardeo de Navidad, aunque controvertido y muy criticado, desempeñó un papel importante para lograr un final negociado de la guerra de Vietnam.

69. El escándalo de Watergate comenzó con un robo en la sede del Comité Nacional Demócrata en el complejo Watergate en Washington DC, el 17 de junio de 1972. Los ladrones fueron capturados y les abrieron una investigación.

Dos periodistas de investigación, Bob Woodward y Carl Bernstein de *The Washington Post*, desempeñaron un papel crucial en el descubrimiento del escándalo. Sus informes expusieron una serie de actividades ilegales, incluido el robo y el posterior encubrimiento por parte de la administración Nixon.

Lo que hizo que su investigación fuera aún más intrigante fue la misteriosa fuente conocida como "Garganta Profunda". Garganta Profunda era un funcionario de alto rango dentro del gobierno de los Estados Unidos que proporcionó a Woodward y Bernstein información crucial, orientación y pistas relacionadas con el escándalo de Watergate. Garganta Profunda insistió en permanecer en el anonimato y se comunicó con los periodistas en reuniones secretas dentro de estacionamientos. Su información fue fundamental para conectar informaciones y desentrañar la magnitud del escándalo.

Durante más de treinta años, la identidad de Garganta Profunda siguió siendo uno de los mayores misterios del periodismo y la política estadounidenses. Las especulaciones y teorías sobre su identidad persistieron. En 2005, se reveló que Garganta Profunda era W. Mark Felt, director asociado del FBI durante la era Watergate. La decisión de Felt de proporcionar información confidencial a los reporteros fue impulsada por su preocupación por la integridad del FBI y su creencia de que la verdad sobre Watergate debía ser expuesta. La revelación de la identidad de Garganta Profunda añadió una nueva capa de importancia histórica al escándalo de Watergate y solidificó su lugar en la historia política estadounidense.

El escándalo de Watergate finalmente llevó a la renuncia del presidente Richard Nixon el 8 de agosto de 1974, ya que enfrentaba un juicio político inminente por parte del Congreso. El vicepresidente Gerald Ford sucedió a Nixon como presidente. Ford perdonaría a Nixon, poniendo fin a cualquier posibilidad de una acusación.

Sección 8: Dar forma a la nación; de Reaganomics al atentado de Oklahoma City

Desde 1981 hasta principios de la década de 2000, varios eventos y desarrollos importantes dieron forma a la historia de Estados Unidos. Los avances tecnológicos, como la introducción de los ordenadores personales, revolucionaron la forma en que las personas vivían y trabajaban. La caída del Muro de Berlín en 1989 marcó el final de la Guerra Fría y significó un cambio importante en la dinámica global. Los cambios culturales y los trágicos incidentes como los disturbios de Los Ángeles y el Atentado de Oklahoma City remarcaron los desafíos y las complejidades que enfrentaban los Estados Unidos durante este período.

Veamos cómo se formó la nación durante esta época.

70. El presidente Ronald Reagan, a menudo apodado el "Gran Comunicador", combinaba con facilidad discursos y debates con humor. Sus bromas no eran golpes pesados, sino empujoncitos suaves, que desarmaban al público con ingenio autocrítico y golpes perspicaces a sus oponentes.

En un debate sobre su edad, Reagan se rio entre dientes: "No tengo intención de postularme para presidente de los Estados Unidos cuando tenga 73 años. Mi plan actual es ser gobernador de California por cuatro años más, luego ir a hacer algunas películas, o tal vez escribir un libro, luego retirarme y ver todos los juegos que quiera". La broma desviaba las posibles preocupaciones sobre su edad con una dosis de encanto. Finalmente se presentó a las elecciones presidenciales, *y ganó*. Reagan se burlaba de sí mismo todo el tiempo. Al describir el arduo proceso presupuestario, una vez bromeó: "El proceso presupuestario se parece mucho a una elefante embarazada. Toda la emoción ocurre en la oscuridad, y el resultado es bastante grande y desgarbado". Este humor realista resonaba con el público, quien lo veía como alguien cercano y familiar.

El humor de Reagan no era solo espectáculo; servía para un fin. Desarmaba la tensión, ganaba el afecto de las audiencias y le ayudaba a articular ideas complejas de maneras memorables. Su gentil ingenio se convirtió en un estilo característico que consolidó su imagen como un líder folclórico con un brillo en los ojos y una sonrisa traviesa.

Desafortunadamente, el sentido del humor de Reagan a veces lo metía en problemas. Por ejemplo, el 11 de agosto de 1984, durante una sesión de preparación de discursos de radio en su rancho de California, mientras probaba el micrófono, Reagan dijo: "Mis conciudadanos, me complace decirles hoy que he firmado una legislación que prohibirá a Rusia para siempre. Empezamos a bombardear en cinco minutos".

Aunque pretendía ser una broma alegre, el micrófono captó el mensaje, que luego se filtró al público. Causó revuelo en ambos lados de la Cortina de Hierro. La Unión Soviética condenó esta declaración como acto irresponsable y los oponentes de Reagan en las próximas elecciones presidenciales la usaron como prueba de mal juicio.

71. El 30 de marzo de 1981, el presidente Ronald Reagan salía del Hotel Washington Hilton tras pronunciar un discurso. Al salir del hotel y acercarse a su limusina, escuchó disparos. John Hinckley Jr., un individuo mentalmente inestable, disparó seis veces en un intento de asesinar al presidente Reagan. Hinckley estaba armado con un revólver calibre .22 y tenía un historial de acoso a la actriz Jodie Foster, lo que jugó un papel en su motivación para el ataque.

El presidente Reagan fue alcanzado por una de las balas, que perforó su pulmón izquierdo y se acercó a su corazón. El secretario de prensa de la Casa Blanca, James Brady, un agente del Servicio Secreto y un oficial de policía del Distrito de Columbia también resultaron heridos en el tiroteo. En ese caos, los agentes del Servicio Secreto reaccionaron rápidamente para proteger al presidente y lo llevaron de urgencia al hospital. La rápida respuesta médica y la cirugía salvaron la vida de Reagan.

El famoso humor y la capacidad de recuperación de Reagan surgieron incluso en medio de una situación que amenazaba su vida. Cuando lo llevaron a la sala de operaciones, supuestamente bromeó con el equipo médico: "Espero que todos sean republicanos".

El intento de asesinato provocó una efusión nacional de apoyo al presidente Reagan. Recibió miles de mensajes y cartas de personas de todo el país. John Hinckley Jr. fue arrestado en la escena y luego declarado inocente por demencia durante su juicio. El veredicto condujo a cambios significativos en las leyes con respecto a la defensa por demencia.

El presidente Reagan se recuperó de sus lesiones y continuó sirviendo como presidente de los Estados Unidos durante el resto de sus dos mandatos, de 1981 a 1989. El intento de asesinato tuvo un impacto duradero en los procedimientos de seguridad presidencial, lo que llevó a un aumento de las medidas de seguridad para los futuros presidentes.

Una foto de Reagan justo antes de que le dispararan

72. ¿Alguna vez se ha preguntado cómo los ordenadores comenzaron a afectar nuestras vidas? El 12 de agosto de 1981, IBM presentó el IBM 5150, el primer ordenador personal (PC) con popularidad generalizada. Esta innovación revolucionaria marcó el amanecer de la industria de las PC, y transformó la forma en que las personas trabajaban, se comunicaban y se entretenían. La arquitectura abierta y la compatibilidad del IBM PC con una amplia gama de aplicaciones de software impulsaron su popularidad y allanaron el camino para la creación de una próspera industria de computación personal.

En 1984, Apple lanzó el ordenador Macintosh, un producto revolucionario que marcó una desviación significativa de las interfaces basadas en texto de los ordenadores anteriores. El Macintosh presentaba una interfaz gráfica de usuario con iconos, ventanas y un mouse, un diseño inspirado en el trabajo realizado en Xerox PARC (Centro de Investigación de Palo Alto) en la década de 1970.

La historia comienza en Xerox PARC, donde los investigadores desarrollaron una revolucionaria interfaz gráfica de usuario llamada *Alto*. Este sistema incorporaba el uso de un ratón y elementos gráficos, y permitía a los usuarios interactuar con el ordenador de forma más intuitiva. Xerox, sin embargo, no pudo capitalizar el potencial de esta tecnología innovadora.

En un giro del destino, Steve Jobs, cofundador de Apple, visitó Xerox PARC en 1979 y vio al Alto en acción. Reconociendo el inmenso potencial de la interfaz gráfica de usuario, Jobs inició el desarrollo de un sistema similar para el próximo ordenador de Apple, el Macintosh.

El Macintosh, presentado en enero de 1984, presentaba una pantalla monocromática de 9 pulgadas, una unidad de disquete de 3,5 pulgadas y un precio asequible en comparación con otros sistemas gráficos de la época. La interfaz gráfica de usuario del Macintosh, combinada con su campaña de marketing, que incluía el famoso comercial del Super Bowl de *1984*, lo convirtió en un producto destacado.

El lanzamiento del Macintosh tuvo un profundo impacto en la industria de los ordenadores personales. Estableció nuevos estándares para diseños fáciles de usar e influyó en el desarrollo de futuros sistemas operativos. Los ordenadores se hicieron más accesibles a un público más amplio, abriendo una nueva relación de las personas con la tecnología. El legado del Macintosh continúa influyendo en la informática y el diseño de la interfaz de usuario hasta nuestros días.

73. El transbordador espacial "Challenger" formó parte del programa espacial de la NASA e hizo su primer vuelo el 4 de abril de 1983. Fue diseñado para transportar astronautas y cargas útiles al espacio.

El 28 de enero de 1986, el Challenger debió lanzarse desde el Centro Espacial Kennedy en Florida en la misión STS-51-L. Esta misión fue significativa porque incluyó al primer ciudadano privado seleccionado para volar en el espacio. Christa McAuliffe, una maestra de estudios sociales de la escuela secundaria de New Hampshire, fue elegida entre miles de solicitantes para ser la primera ciudadana privada y maestra en el espacio como parte del proyecto "Teacher in Space" de la NASA. Su selección tenía la intención de promover la importancia de la educación y la exploración espacial.

Millones de estadounidenses y personas de todo el mundo vieron el lanzamiento del Challenger en vivo por televisión. Sin embargo, solo setenta y tres segundos después del despegue, el transbordador se rompió, lo que resultó en la trágica muerte de los siete miembros de la tripulación. El desastre fue causado por la falla de un sello de junta tórica en uno de los propulsores de cohetes sólidos, lo que provocó la explosión del tanque de combustible externo.

La explosión del Challenger tuvo un profundo impacto en el programa espacial y planteó preguntas sobre la seguridad de la flota del transbordador espacial. La NASA suspendió el programa espacial durante más de dos años mientras se realizaban investigaciones y se implementaban mejoras de seguridad.

El sueño de Christa McAuliffe de convertirse en la primera maestra en el espacio se truncó trágicamente, pero su legado perduró. Su memoria inspiró una mayor dedicación a la exploración espacial y la educación. En 1998, la NASA lanzó el Programa de Becas Christa McAuliffe para honrar su legado y apoyar a los maestros en su desarrollo profesional.

La explosión del Challenger sigue siendo un capítulo sombrío y significativo en la historia de la exploración espacial. Sirve como un recordatorio de los riesgos y desafíos asociados con los vuelos espaciales tripulados y la dedicación de aquellos que persiguen las fronteras de la ciencia y el descubrimiento.

74. El 12 de junio de 1987, durante una visita a Berlín Occidental, el presidente Ronald Reagan pronunció un discurso histórico y memorable en la Puerta de Brandeburgo, un lugar prominente cerca del Muro de Berlín. El presidente Reagan se dirigió a la dividida ciudad de Berlín en su discurso, desafió directamente al líder soviético, Mijaíl Gorbachov, y al gobierno de Alemania Oriental. Dijo: "¡Sr. Gorbachov, abra esta puerta! Señor Gorbachov... derribe este muro".

Las palabras del presidente Reagan fueron un llamado claro e inequívoco a la eliminación del Muro de Berlín, un poderoso símbolo de la división entre Alemania Oriental y Occidental. En ese momento, algunos asesores habían instado a Reagan a evitar hacer una declaración tan directa y conflictiva, por temor a que pudiera dañar las relaciones con la Unión Soviética. Sin embargo, Reagan insistió en incluir estas palabras icónicas en su discurso.

El discurso fue recibido con entusiasmo por los berlineses occidentales, que lo vieron como una poderosa expresión de solidaridad occidental y un mensaje de esperanza para la reunificación. Si bien el Muro de Berlín no cayó inmediatamente después del discurso de Reagan, aumentó la presión y atrajo la atención internacional sobre el asunto.

Dos años más tarde, en 1989, una serie de eventos, incluidas protestas pacíficas, llevaron a la caída del Muro de Berlín. La eliminación del muro marcó un momento crucial en la historia, seguida por la posterior reunificación de Alemania Oriental y Occidental en 1990.

El discurso del presidente Reagan "Derribe este muro" es recordado como una poderosa declaración del liderazgo, de principios y de compromiso estadounidenses con la causa de la libertad. Sigue siendo un momento emblemático en la historia de la Guerra Fría.

75. La Operación Tormenta del Desierto fue la campaña militar liderada por Estados Unidos que tuvo como objetivo liberar a Kuwait de la ocupación iraquí durante la guerra del Golfo (1990-1991). El 16 de enero de 1991, Estados Unidos y sus aliados de la coalición lanzaron una campaña aérea masiva contra Irak, dirigida a instalaciones militares, centros de comunicación y objetivos estratégicos. Esto marcó el comienzo de la fase aérea de la Operación Tormenta del Desierto. La coalición incluía países como el Reino Unido, Francia, Arabia Saudita y muchos otros, y Estados Unidos proporcionaba la mayor parte de las fuerzas militares.

Uno de los momentos más emblemáticos de la guerra del Golfo fue la cobertura en vivo del conflicto por parte de la CNN. El periodista Peter Arnett, que informaba desde Bagdad, proporcionaba actualizaciones e imágenes en tiempo real de los ataques aéreos, llevando la guerra a las salas de estar de todo el mundo.

El 24 de febrero de 1991, la coalición lanzó una ofensiva terrestre para retomar Kuwait. El general del ejército estadounidense H. Norman Schwarzkopf, comandante de las fuerzas de la coalición, orquestó la campaña. El ejército estadounidense empleó tácticas innovadoras durante la ofensiva terrestre, incluida la estrategia del "gancho izquierdo", que implicó una maniobra de flanqueo por parte de las fuerzas estadounidenses y de la coalición para rodear y derrotar al ejército iraquí.

La ofensiva terrestre tuvo un gran éxito y, en pocos días, Kuwait fue liberado de las fuerzas iraquíes. La coalición había logrado su objetivo principal.

Después de cien horas de combate terrestre, la guerra del Golfo terminó con un alto el fuego el 28 de febrero de 1991. Las capacidades militares de Irak se degradaron significativamente, pero Saddam Hussein permaneció en el poder.

Estados Unidos y sus aliados de la coalición demostraron la eficacia de una fuerza militar multinacional coordinada para abordar los conflictos internacionales. La guerra del Golfo tuvo un impacto duradero en la doctrina y las operaciones militares de los Estados Unidos, e influyó en las estrategias futuras y los enfrentamientos militares.

76. El 3 de marzo de 1991, Rodney King, un hombre afroamericano, fue brutalmente golpeado por cuatro agentes del Departamento de Policía de Los Ángeles después de una persecución a alta velocidad. El incidente fue capturado en video por un testigo y luego transmitido ampliamente por televisión. Las imágenes mostraban a King siendo golpeado repetidamente con porras y patadas, y siendo sometido a otras formas de fuerza excesiva, a pesar de que parecía no ofrecer resistencia.

El video provocó indignación y llamó la atención sobre cuestiones de brutalidad policial e injusticia racial. Cuando los oficiales involucrados fueron absueltos en un juicio penal estatal en abril de 1992, surgieron protestas generalizadas y disturbios civiles en Los Ángeles. Los disturbios, que comenzaron el 29 de abril de 1992, duraron varios días y causaron importantes daños a la propiedad, lesiones y pérdida de vidas.

Reginald Denny, un camionero blanco, se convirtió en otro punto focal de los disturbios luego de que un grupo de personas lo sacaran de su camioneta y lo golpearan severamente. Los disturbios pusieron de relieve las tensiones raciales y las disparidades socioeconómicas de larga data en Los Ángeles.

Después de los disturbios, se presentaron cargos federales contra los oficiales involucrados en la golpiza de Rodney King. En 1993, dos de los oficiales fueron declarados culpables de violar los derechos civiles de King, mientras que los otros dos fueron absueltos.

Rodney King se convirtió en un símbolo de la mala conducta policial y la necesidad de una reforma en la aplicación de la ley. El incidente y sus secuelas contribuyeron a un mayor escrutinio de las prácticas policiales, las discusiones sobre el perfil racial y los llamamientos a la reforma del sistema de justicia penal. La historia de Rodney King se convirtió en un poderoso símbolo de la lucha en curso por los derechos civiles y la justicia en los Estados Unidos.

Consecuencias de los disturbios

77. En 1994, Paula Jones, una ex empleada del estado de Arkansas, presentó una demanda por acoso sexual contra Bill Clinton, entonces gobernador de Arkansas. Jones alegó que Clinton había avanzado sexualmente sin consentimiento en 1991. Clinton negó las acusaciones, pero la demanda condujo a una serie de investigaciones que eventualmente culminarían en su juicio político por parte de la Cámara de Representantes.

En 1996, Kenneth Starr, un abogado independiente designado por el fiscal general, se encargó de investigar la controversia de Whitewater, un escándalo que involucró una inversión de Clinton en una empresa inmobiliaria fallida en Arkansas. Durante su investigación, Starr descubrió evidencia de una relación sexual entre Clinton y la pasante de la Casa Blanca Monica Lewinsky. En 1998, Starr comenzó a investigar si Clinton había cometido perjurio al negar la relación con Lewinsky bajo juramento. Clinton también testificó ante un gran jurado sobre el asunto Lewinsky y fue interrogado sobre sus esfuerzos para que Lewinsky negara la relación.

En diciembre de 1998, la Cámara de Representantes acusó a Clinton de perjurio y obstrucción de la justicia. El cargo de perjurio se relacionó con su testimonio sobre el asunto

Lewinsky, mientras que el cargo de obstrucción de la justicia surgió de sus intentos de influir en el testimonio de Lewinsky y ocultar pruebas. El juicio de Clinton en el Senado comenzó en enero de 1999.

Después de semanas de testimonio y debate, el Senado absolvió a Clinton de ambos cargos. Permaneció en el cargo y completó su segundo mandato como presidente. Si bien el Senado finalmente lo absolvió, el proceso de juicio político dejó una mancha duradera en su legado y polarizó aún más el panorama político estadounidense.

78. En agosto de 1992, Randy Weaver, su esposa Vicki y sus hijos vivían en Ruby Ridge, una remota zona montañosa en el norte de Idaho. Los Weavers tenían puntos de vista antigubernamentales y supremacistas blancos. Randy se convirtió en objeto de investigación por parte de la Oficina de Alcohol, Tabaco y Armas de Fuego (ATF) por vender armas de fuego ilegales.

La situación se intensificó el 21 de agosto de 1992, cuando los agentes federales intentaron arrestar a Randy Weaver por sus armas de fuego ilegales. Los Weavers se resistieron al arresto, y se produjo un tiroteo. Durante los disparos, fueron asesinados el mariscal adjunto de los Estados Unidos William Degan y el hijo adolescente de Weaver, Samuel.

El FBI se involucró y hubo un enfrentamiento. El enfrentamiento duró once días, durante los cuales se llevaron a cabo negociaciones entre los Weavers y las autoridades federales. La situación se intensificó aún más cuando el francotirador del FBI Lon Horiuchi disparó y mató a Vicki Weaver dentro de la cabaña familiar.

El enfrentamiento de Ruby Ridge atrajo la atención y las críticas generalizadas, planteó preocupaciones sobre el uso de la fuerza por parte de agentes federales y levantó preguntas sobre las tácticas empleadas durante el enfrentamiento. El incidente también alimentó sentimientos antigubernamentales y se convirtió en un punto de encuentro para varias milicias y grupos extremistas.

Los juicios posteriores de Randy Weaver y Kevin Harris (un amigo de la familia involucrado en el tiroteo) terminaron con

Weaver absuelto de la mayoría de los cargos y Harris absuelto de todos los cargos, excepto un cargo de ayudar e instigar el homicidio voluntario de un oficial federal.

El enfrentamiento de Ruby Ridge tuvo un impacto duradero en la percepción pública de las acciones del gobierno y el uso de la fuerza, y contribuyó a los debates sobre una aplicación apropiada de la ley en el trato con las personas que tienen opiniones antigubernamentales. Este sigue siendo un capítulo importante y controvertido dentro de la historia de la aplicación de la ley y las interacciones entre el gobierno y los ciudadanos.

79. El 19 de abril de 1995, el Edificio Federal Alfred P. Murrah en Oklahoma City acabó en una monstruosa explosión. Timothy McVeigh, un veterano consumido por una mezcla tóxica de ira antigubernamental y creencias extremistas, eligió ese edificio como su objetivo, con el fin de asestar un golpe contra lo que consideraba un estado tiránico.

Desilusionado con los militares después de Waco y Ruby Ridge, McVeigh abrazó ideologías radicales antigubernamentales potenciadas por teorías de conspiración y una profunda desconfianza en la autoridad. Encontró individuos de ideas afines en los márgenes del movimiento de la milicia, donde su furia encontró validación y un propósito retorcido.

Impulsado por esta mezcla de ira e ideales deformados, McVeigh planeó su acto con escalofriante precisión. Su arma fue un camión Ryder lleno de fertilizantes y combustible y su campo de batalle fue el edificio Murrah, que albergaba una guardería. En esa fatídica mañana, la bomba destrozó las vidas y la tranquilidad de Oklahoma City.

Baylee Almon tenía solo un año en el momento del bombardeo. Estaba en la guardería del segundo piso del Edificio Federal Murrah cuando ocurrió la explosión. La explosión hizo que una parte del edificio se derrumbara, incluida la zona de guardería.

Después del atentado, Charles H. Porter IV, un fotoperiodista que se encontraba en el lugar, capturó una imagen poderosa y desgarradora. La fotografía mostraba al bombero de Oklahoma City Chris Fields llevando a Baylee Almon, cubierta de polvo y escombros, a un lugar seguro. Baylee estaba débil, y su pequeño cuerpo contrastaba con la fuerza y la determinación del bombero.

Trágicamente, Baylee Almon no sobrevivió al bombardeo y fue una de las 168 personas que perdieron la vida ese día. Acababa de celebrar su primer cumpleaños el día antes de la explosión. La imagen de su rescate se convirtió en un símbolo icónico de la tragedia y el heroísmo mostrado por los primeros en responder y los ciudadanos comunes que se apresuraron a ayudar después de la explosión.

80. El 27 de julio de 1996, durante los Juegos Olímpicos del Centenario en Atlanta, una bomba explotó en el Parque Olímpico del Centenario, un lugar de reunión popular para espectadores y atletas. La explosión ocurrió en las primeras horas de la mañana durante un concierto al que asistieron miles de personas. La explosión causó dos muertos y más de cien heridos, algunos de ellos de gravedad.

La respuesta inmediata al bombardeo se caracterizó por el heroísmo de los socorristas, el personal médico y los voluntarios que brindaron asistencia a los heridos. El guardia de seguridad Richard Jewell descubrió la mochila sospechosa que contenía la bomba antes de que explotara. Sus rápidos esfuerzos de pensamiento y evacuación probablemente salvaron muchas vidas.

Inicialmente, Richard Jewell fue aclamado como un héroe por sus acciones, pero más tarde se convirtió en sospechoso en la investigación debido a un análisis de perfiles realizado por el FBI. Su vida se vio profundamente afectada por el frenesí y la sospecha de los medios de comunicación.

En 1997, Eric Robert Rudolph, un terrorista doméstico, fue arrestado y posteriormente se declaró culpable del atentado del Parque Olímpico del Centenario, así como de otros atentados. Estaba motivado por creencias antiaborto y antihomosexuales.

El atentado en los Juegos Olímpicos de Verano de 1996 subrayó la necesidad de mejorar las medidas de seguridad en los principales eventos deportivos y reuniones públicas. Richard Jewell, quien fue acusado erróneamente en las etapas iniciales de la investigación, más tarde limpió su nombre, pero la experiencia afectó profundamente su vida. Se convirtió en un defensor de las libertades civiles y los derechos de privacidad.

El atentado del Parque Olímpico del Centenario fue un evento trágico que empañó los Juegos Olímpicos de Verano de 1996, pero también destacó la resistencia y el heroísmo de quienes respondieron a la crisis. Sigue siendo un capítulo importante en la historia tanto de los Juegos Olímpicos como del terrorismo doméstico en los Estados Unidos.

Sección 9: Una era definitoria; eventos transformadores en la historia de los Estados Unidos entre 2001 y 2021

En el período 2001-2021, Estados Unidos experimentó una serie de eventos transformadores. Los devastadores ataques terroristas del 11 de septiembre reformaron la política exterior de la nación, lo que llevó a la guerra contra el Terror y a intervenciones militares en Afganistán e Irak. La crisis financiera de 2008 provocó agitación económica. El auge de las redes sociales también dejó un impacto duradero en la sociedad estadounidense.

En esta sección, descubra algunas historias interesantes de un pasado estadounidense no muy lejano.

81. El 11 de septiembre de 2001, diecinueve militantes asociados al grupo extremista islámico al-Qaeda secuestraron cuatro aviones comerciales y llevaron a cabo ataques suicidas contra objetivos en los Estados Unidos.

    Los secuestradores, la mayoría ciudadanos de Arabia Saudita, abordaron los aviones armados con cuchillos. Una vez en el aire, tomaron el control de las cabinas y desviaron los aviones de sus destinos originales. A las 8:46 a. m., el vuelo 11 de American Airlines se estrelló contra la torre norte del World Trade Center, seguido del vuelo 175 de United Airlines a las 9:03 a. m., que golpeó la torre sur. Ambas torres se derrumbaron en dos horas, destruyendo los edificios circundantes y dañando otros tantos.

A las 9:37 a. m., el vuelo 77 de American Airlines se estrelló contra el lado occidental del Pentágono, causando un colapso parcial del edificio. Los pasajeros y miembros de la tripulación a bordo del vuelo 93 de United Airlines, que se dirigía a Washington DC, lucharon contra los secuestradores y recuperaron el control del avión. El avión se estrelló en un campo cerca de Shanksville, Pensilvania, a las 10:03 a. m., matando a las cuarenta y cuatro personas a bordo.

Casi tres mil personas murieron en los ataques, que desencadenaron importantes iniciativas estadounidenses para combatir el terrorismo y definieron la presidencia de George W. Bush. La administración Bush argumentó que la amenaza del terrorismo requería el uso de técnicas de interrogatorio mejoradas, que los críticos calificaron como tortura. La administración también amplió los programas de vigilancia nacionales e internacionales, lo que generó preocupaciones sobre los derechos de privacidad.

Los ataques del 11 de septiembre fueron el ataque terrorista más mortífero de la historia de la humanidad y tuvieron un profundo impacto en los Estados Unidos y el mundo. Los ataques comenzaron la llamada guerra contra el Terrorismo, que incluyó la invasión de Afganistán y el derrocamiento del gobierno talibán. Los ataques también llevaron a un aumento de las medidas de seguridad en los aeropuertos y otros lugares públicos de todo el mundo.

La explosión después de que el avión chocara con la Torre Sur

82. En respuesta al 11 de septiembre, los Estados Unidos comenzaron operaciones militares en Afganistán, marcando el comienzo de la guerra contra el Terrorismo. La participación de Estados Unidos en Afganistán comenzó el 7 de octubre de 2001, con el lanzamiento de la Operación Libertad Duradera, una operación militar destinada a desmantelar la red terrorista al-Qaeda y derrocar al régimen talibán que los había albergado. La coalición liderada por Estados Unidos logró rápidamente sus objetivos iniciales, eliminando a los talibanes del poder y estableciendo un nuevo gobierno afgano. Sin embargo, Estados Unidos y sus aliados permanecieron empantanados en Afganistán durante casi dos décadas, enfrentando una insurgencia persistente y luchando por estabilizar el país.

El ejército de EE. UU. también fue a otros lugares. Durante años, las agencias de inteligencia y las unidades de operaciones especiales trabajaron para localizar y detener a Osama bin Laden, quien había estado evadiendo la captura desde los ataques del 11 de septiembre de 2001. La búsqueda involucró una compleja recopilación de inteligencia, vigilancia y colaboración entre varias agencias.

El avance en la localización de bin Laden se produjo a través de años de incansables esfuerzos y trabajo de inteligencia. La Agencia Central de Inteligencia (CIA) recopiló gradualmente información sobre un complejo en Abbottabad, Pakistán, donde sospechaban que bin Laden podría estar escondido. El complejo, situado en una zona residencial cerca de una academia militar, despertó sospechas debido a sus altos muros, acceso limitado y falta de comunicación con el mundo exterior.

En mayo de 2011, el presidente Barack Obama autorizó una operación encubierta para allanar el complejo. El 2 de mayo, el Sexto Equipo SEAL de la Marina de los Estados Unidos realizó una audaz incursión nocturna, penetrando en el espacio aéreo paquistaní sin notificación previa. Los SEAL participaron en un tiroteo con los que estaban dentro del complejo, lo que resultó en la muerte de Osama bin Laden.

La exitosa operación fue un momento significativo en la guerra contra el Terrorismo, y marcó el final de una búsqueda de casi una década por encontrar al autor intelectual de los ataques del 11 de septiembre. La noticia de la muerte de bin Laden fue recibida con un alivio generalizado y una sensación de cierre para muchos de los que habían perdido a sus seres queridos en los ataques de 2001.

La historia de la búsqueda de Osama bin Laden y la operación que condujo a su muerte es un testimonio de la perseverancia de los profesionales de inteligencia y militares en la búsqueda de justicia y respuesta a los actos de terrorismo. La operación mostró las capacidades de las fuerzas especiales y destacó la naturaleza compleja de los esfuerzos antiterroristas en la era moderna.

83. La guerra de Irak, también conocida como *Operación Libertad Iraquí*, fue un conflicto que comenzó en 2003 cuando una coalición liderada por Estados Unidos invadió Irak para sacar al presidente Saddam Hussein del poder. La guerra fue impulsada principalmente por la supuesta posesión de armas de destrucción masiva por parte de Irak y sus vínculos con el terrorismo. Después de que el régimen de Saddam Hussein fuera derrocado, Irak enfrentó un período prolongado de insurgencia e inestabilidad, lo que finalmente llevó a la retirada de las tropas estadounidenses en 2011.

Durante la guerra de Irak, el soldado estadounidense Ross McGinnis, mostró un gran acto de valentía. El 4 de diciembre de 2006, McGinnis estaba manejando la torreta de ametralladora de un Humvee mientras patrullaba con sus compañeros en Bagdad, Irak. Mientras la patrulla se movía por un mercado abarrotado, un insurgente en una azotea cercana arrojó una granada a su Humvee.

McGinnis tuvo que tomar una decisión rapidísima. Podría haber saltado de la torreta para salvarse, pero en cambio, sacrificó desinteresadamente su vida para proteger a sus compañeros. Con un coraje increíble, McGinnis gritó en advertencia a sus camaradas y luego usó su propio cuerpo para cubrir la granada. De esa manera, absorbió toda la fuerza de la explosión. Sus actos heroicos salvaron la vida de otros cuatro soldados, que sobrevivieron a la explosión con solo heridas leves.

El soldado Ross McGinnis recibió una Medalla de Honor, la más alta condecoración militar en los Estados Unidos, por su extraordinaria valentía y sacrificio. Su historia sirve como un poderoso recordatorio del desinterés y el valor que muestran muchas personas ante el peligro en tiempos de conflicto.

84. En septiembre de 2008, la crisis financiera mundial alcanzó su punto máximo con la quiebra de Lehman Brothers, lo que causó una agitación económica generalizada, pérdidas de empleos y una grave recesión en los Estados Unidos y gran parte de Europa.

Lehman Brothers era un venerable banco de inversión de Wall Street con una historia que se remonta a mediados del siglo XIX. Sin embargo, en 2008, estaba muy expuesto al mercado de hipotecas subprime, que estaba en medio de una recesión importante. El banco había invertido mucho en valores respaldados por hipotecas y enfrentaba pérdidas crecientes a medida que el mercado inmobiliario caía. El gobierno de los Estados Unidos se mostró reacio a proporcionar ayuda como había hecho con otras instituciones financieras.

El 15 de septiembre de 2008, Lehman Brothers se declaró en bancarrota, marcando una de las mayores quiebras en la historia de Estados Unidos. El colapso de Lehman Brothers tuvo consecuencias profundas y de largo alcance. La quiebra de

Lehman tuvo un efecto dominó por la interconexión de las instituciones financieras, y expandió el miedo y la incertidumbre por todo el sistema financiero. La crisis provocó intervenciones gubernamentales sin precedentes, como el Programa de Alivio de Activos Problemáticos (TARP, por sus siglas en inglés), destinado a estabilizar el sector financiero.

Los eventos de 2008 finalmente llevaron a una severa recesión económica con repercusiones globales, que afectó a individuos, empresas y economías de todo el mundo. La caída de Lehman Brothers se convirtió en un símbolo de los excesos y riesgos dentro de la industria financiera. La crisis puso de relieve la necesidad de reformas regulatorias para evitar una crisis similar en el futuro. La crisis financiera de 2008 sigue siendo un capítulo importante en la historia económica, que influye en las regulaciones financieras y da forma a las percepciones de riesgo y responsabilidad en el sector financiero.

85. El 15 de enero de 2009, el vuelo 1549 de US Airways, un Airbus A320, golpeó una bandada de gansos canadienses poco después de despegar del aeropuerto LaGuardia en la ciudad de Nueva York. Ambos motores perdieron potencia, y el capitán Chesley "Sully" Sullenberger y el primer oficial Jeffrey Skiles se enfrentaron a una situación desesperante.

Sin potencia de motor y opciones limitadas, el capitán Sullenberger tomó la rápida e inteligente decisión de realizar un aterrizaje de emergencia en las gélidas aguas del río Hudson. Sorprendentemente, los 155 pasajeros y la tripulación a bordo sobrevivieron al aterrizaje de emergencia y pudieron evacuar el avión a través de las alas hacia los botes de rescate cercanos.

El Capitán Sullenberger y el Primer Oficial Skiles fueron aclamados como héroes por su fría y hábil respuesta a la crisis. Su experiencia y capacitación desempeñaron un papel fundamental en el resultado.

El incidente se convirtió en una sensación mediática mundial. Los esfuerzos de rescate y las entrevistas con pasajeros y miembros de la tripulación captaban la atención del público. La Junta Nacional de Seguridad en el Transporte (NTSB) realizó una investigación, que confirmó el impacto de las aves como causa de la falla del motor.

Tanto el Capitán Sullenberger como el Primer Oficial Skiles recibieron numerosos premios y reconocimientos por sus acciones. El "Milagro en el Hudson" es una historia fascinante y conmovedora de heroísmo y pensamiento rápido frente a una emergencia de vida o muerte. Demostró la importancia de contar con tripulaciones de vuelo bien capacitadas y experimentadas y mostró el potencial de resultados positivos incluso en las situaciones más difíciles.

Evacuación del avión después de aterrizar en el río Hudson
*Greg L, CC BY 2.0< https://creativecommons.org/licenses/by/2.0 >, a través de Wikimedia Commons;
https://commons.wikimedia.org/wiki/File:US_Airways_Flight_1549_(N106US)_after_crashing_into_the_Hudson_River_(crop_2).jpg)*

86. Jim Obergefell y John Arthur eran una pareja del mismo sexo de Cincinnati, Ohio, que habían estado juntos durante más de dos décadas. Sin embargo, su relación enfrentó importantes desafíos legales y sociales debido a la falta de igualdad matrimonial en Ohio en ese momento. John tenía una enfermedad terminal llamada ELA (esclerosis lateral amiotrófica), y el mayor deseo de la pareja era que su matrimonio fuera reconocido legalmente antes de que la salud de John se deteriorara aún más.

En 2013, con la ayuda de amigos y familiares, Jim y John alquilaron un avión médico y volaron a Maryland, donde el matrimonio entre personas del mismo sexo era legal. Se casaron en la pista del Aeropuerto Internacional de Baltimore-Washington mientras John descansaba en una camilla dentro del avión.

Después de su boda, Jim Obergefell y John Arthur presentaron una demanda desafiando la negativa de Ohio a reconocer su matrimonio en el certificado de defunción de John. Este caso se consolidó con casos similares de otros estados y se conoció como *Obergefell v. Hodges.*

John Arthur murió en 2013, pero eso no detuvo a Obergefell; de hecho, le sirvió de inspiración para luchar por la legalización del matrimonio entre personas del mismo sexo.

El 26 de junio de 2015, la Corte Suprema de los Estados Unidos emitió un fallo histórico a favor de la igualdad matrimonial, declarando que el matrimonio entre personas del mismo sexo era un derecho constitucional en todo el país. Esto significaba que el matrimonio de Jim Obergefell con John Arthur era ahora reconocido legalmente, y lo que le permitía figurar como cónyuge sobreviviente dentro del certificado de defunción de John.

El viaje personal de Jim Obergefell para garantizar que su matrimonio fuera reconocido, incluso frente a la tragedia, se convirtió en un poderoso símbolo de la lucha por la igualdad matrimonial en los Estados Unidos. Su dedicación al amor, la justicia y los derechos civiles jugó un papel importante en la decisión histórica de la Corte Suprema en *Obergefell v. Hodges.*

87. La Gran Recesión de 2008, desencadenada por la crisis financiera, se convirtió en una gran sombra sobre la sociedad estadounidense. Más allá de las dificultades económicas, afectó gravemente la confianza pública en instituciones clave, particularmente bancos y agencias gubernamentales.

En esencia, "Occupy Wall Street" no fue simplemente una protesta contra la crisis económica inmediata; fue una reacción a una injusticia sistémica más amplia. Los estadounidenses medios que luchaban contra la pérdida de empleo, las ejecuciones hipotecarias y la disminución de sus ahorros fueron testigos de una élite financiera aparentemente indemne, que tenían su riqueza protegida por rescates y regulaciones que parecían sesgadas a su favor. La imagen de Wall Street beneficiándose de los restos mientras Main Street alimentó una fuerte combinación de ira y resentimiento.

"Occupy Wall Street", con su diversa mezcla de participantes, se convirtió en un espacio para expresar esta desilusión colectiva. El icónico eslogan "Somos el 99%" resonaba profundamente, y unía a las personas bajo un sentido compartido de ser perjudicados por un sistema que favorecía solo a algunos privilegiados. Sus campamentos, como el de Zuccotti Park en la ciudad de Nueva York, se convirtieron en refugios y muestras simbólicas de disidencia, que desafiaban la dinámica de poder del sistema financiero y exigían una mayor rendición de cuentas.

Muchos de los manifestantes mostraban un profundo conocimiento de la historia. Durante la caída del mercado de valores de 1929, se dijo que varios corredores de bolsa habían saltado desde las ventanas de las oficinas en Wall Street, ya que toda su fortuna había sido destruida en solo uno o dos días. Fuera de muchas de las grandes agencia de corredores en 2008, algunos manifestantes sostenían grandes carteles que decían "¡SALTEN!" mostrando la ira que sentían hacia la codicia, la mala gestión y la falta de supervisión gubernamental que causó la crisis financiera.

Si bien "Occupy Wall Street" no alteró directamente el panorama financiero, su impacto se extendió más allá de las protestas inmediatas. Provocó conversaciones importantes sobre la desigualdad de ingresos, la responsabilidad corporativa y la necesidad de una reforma financiera. Inyectó una dosis de escepticismo en el discurso público, obligando a las instituciones a reconocer y abordar las preocupaciones de los ciudadanos comunes. Además, demostró el poder de la acción colectiva, mostrando cómo un grupo dispar de personas vinculadas por una frustración compartida podía alzar sus voces y ser escuchados.

88. La aparición de las redes sociales fue muy significativa en la década del 2000 e incluían plataformas como Facebook y Twitter, que eran cada vez más populares. Las redes sociales revolucionaron la comunicación, el intercambio de información, el activismo y la forma en que las personas se conectan e interactúan a nivel mundial.

¿Cómo comenzó? Facebook se atribuye el mérito de hacer que las redes sociales sean populares y accesibles. Mark Zuckerberg y sus compañeros de cuarto universitarios Andrew

McCollum, Eduardo Saverin, Chris Hughes y Dustin Moskovitz lanzaron Facebook desde su dormitorio en la Universidad de Harvard en febrero de 2004. Originalmente llamada "The Facebook", la plataforma se creó inicialmente como una forma para que los estudiantes de Harvard se conectaran entre sí de manera online. El sitio ganó popularidad rápidamente dentro de la comunidad de Harvard, y luego se expandió a otras universidades y colegios.

El punto de inflexión para la rápida expansión de Facebook se produjo en septiembre de 2006 cuando abrió sus puertas al público en general, para que cualquier persona con una dirección de correo electrónico válida pudiera unirse. Este movimiento marcó un cambio significativo de su versión anterior, que era solo para estudiantes universitarios. La decisión de abrir la plataforma fue impulsada por el deseo de llegar a un público más amplio y aumentar la participación de los usuarios.

A medida que Facebook continuó creciendo, introdujo nuevas funciones, como el feed de noticias en 2006 y el botón Me gusta en 2009, que mejoró aún más la experiencia del usuario. La base de usuarios de la plataforma se expandió a nivel mundial, y para 2012, Facebook había alcanzado los mil millones de usuarios activos.

El éxito de Facebook ha tenido un profundo impacto en la forma en que las personas se comunican, comparten información y se conectan en línea. También influyó en el desarrollo de otras plataformas y contribuyó al surgimiento de una cultura centrada en las redes sociales.

89. En diciembre de 2019, el presidente Trump promulgó la Ley de Autorización de Defensa Nacional (NDAA, por sus siglas en inglés) para el año fiscal 2020. Si bien la NDAA es una legislación de rutina que financia al ejército de los Estados Unidos, esta firma en particular tuvo un aspecto único que llamó la atención.

La ley para el año fiscal 2019 incluía una disposición que exigía que la Marina de los Estados Unidos nombrara un buque de guerra en honor al senador John McCain, que había servido como aviador naval durante la guerra de Vietnam. El senador McCain fue conocido por su distinguido servicio militar y más tarde como político prominente.

Durante la ceremonia de firma de la NDAA en diciembre de 2019, el presidente Trump no mencionó al senador McCain por su nombre. Sin embargo, la historia llamó la atención cuando se informó que un destructor de la Marina, el USS *John S. McCain*, había sido estacionado en Japón, y se había colocado una lona sobre el nombre del barco para ocultarlo durante la visita del presidente Trump a una base de la Marina de los Estados Unidos en Yokosuka, Japón.

El incidente provocó un debate sobre si la lona se colocó intencionalmente para evitar mencionar el nombre del senador McCain en presencia del presidente o si fue por razones de mantenimiento. Más tarde, el presidente Trump tuiteó que no estaba al tanto de lo sucedido y que él no lo había solicitado.

El incidente se convirtió en un tema de discusión y reflejó la compleja relación entre el presidente Trump y el senador McCain, que había sido un crítico vocal de las políticas y del estilo de liderazgo del presidente. También destacó conversaciones sobre la relación entre política, ejército y reconocimiento de figuras públicas.

90. Estados Unidos mantuvo una presencia militar en Afganistán entre 2001 y 2021. Su presencia en el país comenzó después de los ataques del 11 de septiembre. La misión inicialmente tenía como objetivo desmantelar al-Qaeda y sacar al régimen talibán del poder.

En febrero de 2020, la administración Trump llegó a un acuerdo con los talibanes y estableció un cronograma para la retirada de las fuerzas estadounidenses y de la OTAN a cambio de ciertos compromisos de los talibanes, como la no acogida de terroristas. En abril de 2021, el presidente Joe Biden anunció que Estados Unidos completaría su retirada antes del 31 de agosto de 2021, poniendo fin a casi dos décadas de participación militar. La decisión tuvo tanto apoyo como críticas.

A medida que la retirada de Estados Unidos aceleró en 2021, los talibanes lograron rápidos avances territoriales. En agosto, capturaron Kabul, lo que llevó al colapso del gobierno afgano.

Estados Unidos y sus aliados iniciaron una operación de evacuación de emergencia desde el aeropuerto de Kabul para evacuar a los ciudadanos estadounidenses, los aliados afganos y las poblaciones vulnerables. La evacuación enfrentó varios desafíos debido a la situación de seguridad y al gran número de personas que necesitaban asistencia.

Estados Unidos completó su retirada militar el 31 de agosto de 2021, marcando el final de su misión de combate en Afganistán. La situación levantó preocupación por el destino de las mujeres, las niñas y las minorías afganas bajo el dominio talibán, así como por las posibles crisis humanitarias.

A pesar de la retirada militar, los esfuerzos diplomáticos continuaron para abordar el futuro de Afganistán, hubo negociaciones y discusiones internacionales. La retirada de Afganistán fue un proceso complejo y controvertido con implicaciones significativas para la política exterior de los Estados Unidos, la estabilidad regional y el pueblo afgano. Marcó el final de un largo enfrentamiento militar y planteó preguntas sobre el futuro de Afganistán y la lucha contra el terrorismo en la región.

Sección 10: Cultura pop estadounidense, un mundo de entretenimiento

Hoy en día, la gente está obsesionada con las celebridades, los programas de televisión, las películas, los deportes y los videojuegos. Era de esperarse. Las personas han invertido en la vida de personas famosas, juegos deportivos y medios de comunicación durante milenios.

En esta sección, echaremos un vistazo a algunas historias interesantes sobre las celebridades estadounidenses y la cultura pop.

91. A principios del siglo XX, durante el apogeo de la era del cine mudo, se creó uno de los personajes cinematográficos más emblemáticos y perdurables: el "Vagabundo" de Charlie Chaplin. El personaje era conocido por su apariencia distintiva, con un bombín, un bigote en forma de cepillo, un bastón y zapatos de gran tamaño.

En 1914, cuando Chaplin estaba trabajando en Keystone Studios, se le encomendó la tarea de crear un nuevo personaje para su próxima película. Rápidamente creó el aspecto característico del Vagabundo usando artículos del departamento de vestuario del estudio. El personaje del vagabundo de Chaplin hizo su debut en la película *Kid Auto Races at Venice* (1914), y fue un éxito instantáneo. El atractivo universal y la facilidad de relacionarse con el personaje trascendieron las barreras del idioma, y convirtió a Chaplin en una superestrella internacional.

A lo largo de los años, el vagabundo apareció en numerosas películas mudas, incluidos clásicos como *The Kid* (1921), *City Lights* (1931) y *Modern Times* (1936). El personaje era un símbolo de resiliencia y optimismo frente a la adversidad, reflejaba los desafíos y las esperanzas en la era de la Gran Depresión.

La creación del personaje de Vagabundo por parte de Charlie Chaplin sigue siendo una contribución duradera e icónica en la historia del cine. La influencia del personaje todavía se puede ver en la cultura popular actual, y sirve como testimonio del poder de las películas mudas para transmitir emociones y conectarse con el público de todo el mundo.

Charlie Chaplin como el Vagabundo
https://en.wikipedia.org/wiki/File:Charlie_Chaplin.jpg

92. En la década de 1920, Jack Dempsey, conocido como el "Manassa Mauler", era uno de los boxeadores más famosos y temidos del mundo. Su famosa pelea contra Luis Ángel Firpo el 14 de septiembre de 1923, se convirtió en un momento histórico en la historia del boxeo.

La pelea tuvo lugar en el Polo Grounds de la ciudad de Nueva York. Dempsey era el actual campeón mundial de peso pesado, mientras que Firpo era un contendiente argentino. Lo que hizo que esta pelea fuera particularmente memorable fue una increíble primera ronda.

La primera ronda de la pelea fue caótica y estimulante. Firpo, conocido por su estilo agresivo, desató una serie de poderosos golpes que dejaron a Dempsey contra las cuerdas. En un momento de la ronda, Firpo lanzó un enorme golpe con su mano derecha que mandó a Dempsey a estrellarse contra las cuerdas y salir del ring. La cabeza de Dempsey por poco no golpeó una máquina de escribir en la fila de prensa.

El entrenador de Dempsey, Jack Kearns, y el árbitro de la pelea, Johnny Gallagher, lo ayudaron a volver al ring. De acuerdo con las reglas en ese momento, Dempsey tenía veinte segundos para regresar al ring después de ser noqueado. Regresó justo a tiempo.

A pesar de la dramática caída, Dempsey finalmente recuperó la compostura y se defendió. Derribó a Firpo varias veces durante el segundo ataque, y la pelea finalmente se detuvo, declarado ganador a Dempsey.

La victoria de Jack Dempsey en su lucha contra Firpo fue un testimonio de su resistencia y poder de golpe. Sigue siendo uno de los momentos más emblemáticos de la historia del boxeo, y refleja la imprevisibilidad y el dramatismo del deporte. La pelea solidificó el estatus de Dempsey como una figura legendaria en el mundo del boxeo.

93. Bob Hope fue uno de los artistas más emblemáticos y queridos del siglo XX, conocido por su carrera en el vodevil, la radio, el cine y la televisión. Se hizo especialmente famoso por su compromiso de entretener al personal militar estadounidense que servía en el extranjero.

La participación de Bob Hope en la USO (United Service Organizations) comenzó durante la Segunda Guerra Mundial cuando realizó su primer espectáculo para hombres y mujeres en 1941. A lo largo de su carrera, pasó a entretener a las tropas durante la Segunda Guerra Mundial, la guerra de Corea, la guerra de Vietnam y otros conflictos. Los recorridos de Hope en las USO eran extensos y cubrían varias zonas de guerra y bases militares en todo el mundo. Viajó a lugares del Pacífico, Europa,

Oriente Medio y el sudeste asiático, llevando risas y un sentido de hogar a las tropas estadounidenses posicionadas lejos de sus familias.

Las actuaciones de Bob Hope eran más que solo entretenimiento; eran una fuente de consuelo y estímulo moral para hombres y mujeres en circunstancias desafiantes y a menudo peligrosas. Sus espectáculos proporcionaban un breve respiro a las dificultades de la vida militar.

Además de sus actuaciones, Bob Hope y su esposa, Dolores, trabajaban incansablemente para apoyar causas militares y recaudar fondos para los veteranos. Eran defensores dedicados de los derechos y el bienestar de los veteranos.

La dedicación de Bob Hope a las USO y las tropas dejó un legado duradero. Hizo su última gira USO en 1991, a la edad de ochenta y ocho años, lo que lo convirtió en uno de los partidarios más antiguos de la organización. El Aeropuerto Bob Hope en Burbank, California, fue nombrado en su honor, y recibió numerosos premios y reconocimientos por sus contribuciones al ejército y al entretenimiento.

El compromiso de Bob Hope de llevar alegría y risa a los hombres y mujeres que sirven en las fuerzas armadas ejemplifica el poder del entretenimiento para elevar el espíritu en tiempos difíciles. Sus giras USO siguen siendo un brillante ejemplo del impacto positivo que las celebridades y los artistas pueden tener en la vida del personal militar y sus familias.

94. En 1958, en el apogeo de su carrera musical, Elvis Presley recibió su aviso de reclutamiento para servir en el Ejército de los Estados Unidos. A pesar de su fama y éxito, no buscó un tratamiento especial y optó por cumplir con sus obligaciones militares como cualquier otro recluta.

Elvis se unió al Ejército de los Estados Unidos el 24 de marzo de 1958 y completó el entrenamiento básico en Fort Hood, Texas. Durante el entrenamiento, soportó los rigores de la vida militar, incluidos simulacros de marcha, entrenamiento físico y puntería. El servicio de Elvis no pasó desapercibido para los medios de comunicación y el público. Su servicio militar se convirtió en una noticia importante, y todos se enteraron de que se había cortado sus famosas patillas y había recibido un corte de pelo militar reglamentario.

Mientras estuvo posicionado en Alemania de 1958 a 1960, Elvis se desempeñó como miembro de la 3ª División Blindada y continuó tocando música durante sus horas fuera de servicio. También conoció a su futura esposa, Priscilla Beaulieu, que vivía en Alemania en ese momento.

A pesar de su estatus de celebridad, Elvis era tratado como cualquier otro soldado y no se le daban privilegios especiales. A menudo se le veía socializando con compañeros soldados y participando en actividades militares.

En 1960, después de completar su servicio de dos años, Elvis recibió una baja honorable del Ejército. Regresó a su carrera musical y logró un éxito aún mayor en la industria del entretenimiento. El servicio militar de Elvis es recordado no solo por su voluntad de servir a su país, sino también por el impacto en su vida personal y profesional. Demostró su compromiso con el cumplimiento de sus deberes ciudadanos y su capacidad de adaptación a las diferentes circunstancias.

95. A principios de la década de 1950, Walt Disney tuvo la visión de crear un parque de atracciones innovador que revolucionaría el mundo del entretenimiento. Imaginó un lugar donde tanto niños como adultos pudieran disfrutar de atracciones y entretenimiento y ser capaces de sumergirse en la magia de la narración de cuentos.

El sueño de Walt de un parque temático fue recibido con escepticismo por muchos inversores y expertos de la industria. Creían que los parques de diversiones eran sucios, caóticos e inapropiados para las familias. Walt Disney estaba decidido a convertir su sueño en realidad. Se embarcó en una misión para asegurar el financiamiento de su ambicioso proyecto.

Walt Disney se enfrentó a numerosos rechazos de bancos y posibles inversores. Muchos descartaron su idea por considerarla demasiado arriesgada. Este período de su vida se conoció como "Walt's Folly" (La locura de Walt). Sin embargo, la determinación de Walt Disney dio sus frutos cuando convenció a la cadena de televisión ABC de asociarse con él. Walt recibió apoyo financiero para Disneyland a cambio de proporcionar a ABC un programa de televisión semanal.

El 17 de julio de 1955, Disneyland abrió sus puertas en Anaheim, California. Aunque tuvo una apertura difícil (conocido como "Domingo Negro"), el parque se convirtió en un gran éxito. El parque presentaba varias tierras temáticas, como Adventureland, Fantasyland y Tomorrowland, junto con atracciones icónicas como el Castillo de la Bella Durmiente y el Crucero por la Selva.

Disneyland se convirtió en el prototipo para futuros parques temáticos en todo el mundo y solidificó la reputación de Walt Disney como un visionario del entretenimiento. Hoy en día, Disneyland se ha expandido hasta convertirse en una marca global, con múltiples parques y resorts en diferentes países, cada uno de los cuales ofrece sus propias atracciones y experiencias únicas.

96. A finales de la década de 1950, Ruth Handler, cofundadora de la compañía de juguetes Mattel, se dio cuenta de que su hija, Barbara, a menudo jugaba con muñecas de papel y les asignaba roles de adultos. Handler previó crear una muñeca tridimensional parecida a un adulto que podría servir como modelo a seguir para las niñas pequeñas.

Inspirada en una muñeca alemana llamada Bild Lilli, Handler y su esposo Elliot se propusieron crear una muñeca que estuviera a la moda y que tuviera una apariencia adulta. Llamaron a la muñeca "Barbie" en honor a su hija.

En 1959, Mattel presentó la muñeca Barbie en la Feria Internacional del Juguete de Nueva York. El nombre completo oficial de la muñeca era Barbie Millicent Roberts, y se promocionaba como modelo adolescente.

Barbie se convirtió rápidamente en una sensación. Sus primeros estilos incluyeron un traje de baño a rayas blanco y negro, gafas de sol y tacones altos, que eran tendencias en esa época. A lo largo de los años, Barbie sufrió numerosas transformaciones y asumió diversas carreras, estilos de moda e intereses. Se convirtió en médica, astronauta, maestra, atleta y más, lo que refleja la evolución de los roles sociales de las mujeres.

El éxito de Barbie se extendió más allá de la industria del juguete. Se convirtió en un icono cultural e inspiró a innumerables coleccionistas, artistas e incluso diseñadores de moda. Las muñecas Barbie han aparecido en varios medios, incluyendo películas, programas de televisión y libros.

A pesar de las controversias ocasionales relacionadas con la imagen corporal y la diversidad, Barbie sigue siendo una de las marcas de juguetes más reconocidas y duraderas del mundo. En los últimos años, se han realizado esfuerzos para diversificar la línea Barbie mediante la introducción de muñecas de diferentes etnias, tipos de cuerpo y carreras.

La invención de la muñeca Barbie y su impacto duradero en la cultura pop estadounidense es una historia fascinante que destaca la influencia de los juguetes y la moda en la sociedad y la evolución en la representación de las mujeres dentro de los medios y en los juegos. En 2023 se lanzó una película sobre Barbie; fue un éxito de taquilla récord que ganó más de $ 1,4 mil millones en todo el mundo.

97. En la década de 1960, durante el apogeo de la guerra de Vietnam, Muhammad Ali, entonces conocido como Cassius Clay, se convirtió no solo en un campeón de boxeo, sino también en una figura prominente en los movimientos de derechos civiles y movimientos contra la guerra.

En 1966, Ali recibió un aviso para el reclutamiento militar, que le obligó a servir en el ejército de los Estados Unidos y potencialmente ser desplegado en Vietnam. En ese momento, Ali era el actual campeón mundial de peso pesado. Sin embargo, Ali se negó a cumplir con el reclutamiento, citando sus creencias religiosas como miembro de la Nación del Islam y su oposición a la guerra en Vietnam. Él declaró: "No tengo ninguna disputa con ellos".

La negativa de Ali a ser reclutado en el ejército condujo a una batalla legal y a una gran controversia. Durante sus primeros años, fue despojado de sus títulos de boxeo y se le prohibió practicar deporte. A pesar de ser encarcelado y perder su carrera, Ali se mantuvo firme en sus convicciones. Continuó hablando en contra de la guerra y la injusticia racial en Estados Unidos.

En 1971, la Corte Suprema de los Estados Unidos anuló por unanimidad la condena de Ali por evasión de reclutamiento, citando que sus creencias como objetor de conciencia eran sinceras y estaban protegidas por la Primera Enmienda. Después de su victoria legal, Muhammad Ali regresó al boxeo. Organizó un regreso épico, que culminó en la legendaria "Thrilla in Manila" contra Joe Frazier, una brutal pelea en tres partes que puso a prueba los límites de ambos hombres.

Luego vino el "Rumble in the Jungle" en 1974. Un Ali de treinta y dos años, ya fuera de su mejor momento, se enfrentó al aparentemente imparable George Foreman en Zaire. En un espectáculo visto por millones, Ali usó su estrategia de "rope-a-dope", consiguiendo que Foreman se cansara antes de desatar un nocaut devastador en el octavo asalto. Reclamó su título y demostró que incluso un campeón caído podría levantarse de nuevo.

La negativa de Muhammad Ali a ser reclutado y su posición de principios contra la guerra de Vietnam es un testimonio de su coraje, convicción y voluntad de sacrificar su carrera por sus creencias. Su postura lo convirtió en un símbolo de resistencia a la guerra y en un poderoso defensor de los derechos civiles y la justicia social.

Foto promocional de Muhammad Ali y Joe Frazier

98. El 9 de febrero de 1964, The Beatles hicieron su debut histórico en el programa de televisión estadounidense *The Ed Sullivan Show*. Esta aparición a menudo se considera un momento crucial en la invasión británica y el ascenso de la banda al estrellato internacional.

Aproximadamente setenta y tres millones de espectadores, o más del 34 por ciento de la población estadounidense en ese momento, sintonizaron para ver a los Beatles actuar en vivo en *The Ed Sullivan Show*. Sigue siendo una de las transmisiones de televisión más vistas en la historia de los Estados Unidos.

Los Beatles interpretaron un conjunto que incluía "All My Loving", "Till There Was You", "She Loves You", "I Saw Her Standing There" y "I Want to Hold Your Hand". Su actuación enérgica y su presencia carismática cautivaron al público. Los gritos de las adolescentes en el estudio y la atmósfera electrizante durante la actuación fueron capturados por las cámaras, creando una imagen indeleble de la "Beatlemania".

Después de su aparición en Ed Sullivan, los Beatles se embarcaron en una gira por los Estados Unidos, actuando en las principales ciudades y llegando a cada lugar con una recepción altamente positiva. Entre la multitud frenética estaba la futura actriz de catorce años nominada al Oscar, Sigourney Weaver, que ya albergaba sueños en el escenario. Recuerda a los Beatles como "explosiones de pelo y energía". Su llegada debe haberse sentido como una invasión alienígena, no de naves espaciales, sino de melodías pegadizas y rebelión adolescente.

Su música, estilo y personalidades resonaban con la juventud estadounidense. El éxito de los Beatles en *The Ed Sullivan Show* marcó el comienzo de una ola de bandas y artistas británicos, incluidos The Rolling Stones, The Who y The Kinks, que lograron un tremendo éxito en los Estados Unidos durante la invasión británica. El impacto cultural de la invasión británica se extendió más allá de la música, influyó en la moda, el arte y la cultura juvenil en la década de 1960 y posterior. Ayudó a cerrar la brecha entre los Estados Unidos y el Reino Unido y fomentó una fascinación por la cultura pop británica.

99. *Jaws* (Tiburón), dirigida por Steven Spielberg y estrenada en 1975, es ampliamente considerada como el primer éxito de taquilla del verano y una de las mejores películas de la historia del cine. Sin embargo, la realización de la película estuvo plagada de desafíos y contratiempos.

La película, basada en una novela de Peter Benchley con el mismo nombre, cuenta la historia de una pequeña ciudad costera aterrorizada por un gran tiburón blanco. Contrataron a Spielberg, un director relativamente joven y sin reputación en ese momento, para dirigir el proyecto.

Uno de los principales desafíos durante la producción fue el tiburón mecánico utilizado para la película, apodado "Bruce" en honor al abogado de Spielberg. El tiburón, que se suponía que era el antagonista central de la película, sufrió numerosos fallos técnicos, que frustraban al equipo de producción. Los problemas del tiburón mecánico obligaron a Spielberg a adoptar un enfoque de suspenso y mostrar al tiburón con moderación, confiando en la icónica capacidad de John Williams para generar tensión. Esta decisión se convirtió en un elemento definitorio del éxito de la película.

Filmar en mar abierto presentaba aún más desafíos. La tripulación se enfrentaba a un clima impredecible, mareos y dificultades para capturar imágenes submarinas.

El presupuesto y el calendario de rodaje de la película también se fueron de las manos, al superar con creces las estimaciones iniciales. Inicialmente, la producción estaba programada para un rodaje de 55 días, pero se extendió a 159 días.

A pesar de los numerosos obstáculos, la determinación y la creatividad de Spielberg, combinadas con el compromiso del elenco y el equipo, dieron sus frutos. *Tiburón* se completó y se lanzó en el verano de 1975. La película se convirtió en un éxito masivo tras su lanzamiento, rompiendo récords de taquilla y ganando elogios de la crítica. Fue un fenómeno cultural que no solo revitalizó la carrera de su director, sino que también impactó profundamente en la industria cinematográfica al marcar el comienzo de una era de grandes películas.

El éxito de la película llevó a secuelas, atracciones de parques temáticos y un legado duradero en la cultura popular. También demostró el poder del suspenso y la narración sobre los efectos visuales, lo que prueba que las limitaciones a veces pueden conducir a una innovación creativa.

100. A principios de la década de 1980, la industria de los videojuegos estaba en auge. Existían consolas domésticas como la Atari 2600 y una avalancha de nuevos juegos que llegaban al mercado. Parecía que todos se estaban metiendo en este mundo de los juegos, y las salas de arcade se llenaban de gente.

Sin embargo, el rápido crecimiento de la industria condujo a problemas de sobresaturación y control de calidad. Muchos videojuegos lanzados durante este período eran de mala calidad y, a menudo, se apresuraban al mercado para capitalizar la locura de los juegos.

En 1983, el mercado de los videojuegos en los Estados Unidos sufrió un colapso significativo. Empezó con una combinación de factores. En primer lugar, había demasiados juegos disponibles, lo que causaba confusión entre los consumidores y provocaba una falta de demanda de nuevos títulos. Muchos juegos lanzados durante este tiempo eran mediocres y decepcionaba a los jugadores. Además, el coste de los videojuegos y las consolas era relativamente alto, lo que los hacía menos accesibles para el consumidor medio. Los ordenadores personales, como el Commodore 64 y el Apple II, comenzaron a ofrecer experiencias de juego más sofisticadas, desviando la atención de las consolas tradicionales.

Como resultado de estos factores, las ventas de videojuegos y consolas se desplomaron. Las principales empresas, como Atari, sufrieron enormes pérdidas financieras. Para combatir la crisis, Atari intentó deshacerse del inventario no vendido de su juego *E. T. el Extraterrestre* enterrando miles de cartuchos no vendidos en un vertedero en Alamogordo, Nuevo México, una historia que más tarde se convirtió en leyenda.

El colapso llevó a la quiebra de varias compañías de videojuegos y a la reducción de otras. También afectó profundamente la reputación de la industria y la confianza del consumidor. Sin embargo, el accidente finalmente allanó el camino para un nuevo comienzo y la aparición de la Nintendo Entertainment System (NES) en 1985. El estricto control de calidad de Nintendo, juegos icónicos como *Super Mario Bros* y un sistema de certificación con "sellos de calidad" ayudaron a revitalizar la industria y reconstruir la confianza del consumidor.

101. Como puede ver, la historia no solo habla de grandes eventos políticos, guerras y conflictos. En la década de 2000 y en la de 2010, Estados Unidos tenía un brillante ejemplo de excelencia del cual enorgullecerse: Michael Phelps. Michael es uno de los mejores atletas olímpicos de todos los tiempos.

Las habilidades de Michael Phelps en la piscina olímpica es una saga grabada en oro. Durante un período de cinco competencias, desde Atenas 2004 hasta Río 2016, grabó su nombre en la historia acuática, reescribió libros de récords y acumuló una asombrosa colección de medallas. Hoy tiene la mayoría de las medallas olímpicas, sumando veintiocho en total, veintitrés de las cuales son de oro.

Su odisea olímpica comenzó con una promesa juvenil en Atenas, donde consiguió seis medallas, cuatro de ellas de oro. Beijing 2008 fue testigo de su ascensión triunfal, donde consiguió ocho medallas de oro alucinantes, superando el récord de Mark Spitz, una hazaña que muchos consideraban imposible. En Londres 2012 mantuvo su dominio y añadió cuatro oros y dos platas a su cuenta.

El dominio de Phelps no se trataba solo de la gran cantidad de medallas; era el espectro de eventos que dominaba. Nadó mariposa, estilo libre, espalda y combinado, demostrando una versatilidad y resistencia inigualables en la historia olímpica. La mariposa de 200 metros se convirtió en su territorio personal de invencibilidad, donde permaneció invicto durante ocho años y ganó tres oros olímpicos consecutivos.

Pero la historia de Phelps trasciende la piscina. Luchó contra demonios personales, depresión y abuso de sustancias. Su regreso en 2016, después de un breve retiro marcado por la controversia, fue un testimonio de su resistencia y pasión inquebrantable por el deporte. Su última carrera olímpica, la carrera combinada masculina de 4x100 metros en Río, no se trató de agregar otro oro a su colección (aunque lo hizo); fue un regreso triunfal y una despedida conmovedora de una leyenda que regresó a la misma piscina donde comenzó su historia.

Conclusión

A medida que concluimos nuestro viaje a través de la historia de Estados Unidos, queda muy claro que esta nación es un mosaico de narrativas aparentemente dispares pero profundamente interconectadas. Desde los humildes comienzos de la colonización hasta el espíritu indomable del Destino Manifiesto, desde el crisol de la guerra civil hasta los triunfos del movimiento de derechos civiles, cada capítulo representa un hilo dentro del vibrante tapiz de la sociedad estadounidense. Estas historias sirven como un recordatorio de que esta nación no es solo una mera colección de fechas, nombres y eventos, sino también una historia viva de resiliencia, determinación y búsqueda eterna de libertad.

Aprovechemos las lecciones del pasado y esforcémonos por amplificar las voces que durante mucho tiempo han sido silenciadas, asegurando que la flecha de la historia estadounidense apunte cada vez más hacia la justicia, la igualdad y la unidad.

Mira otro libro de la serie

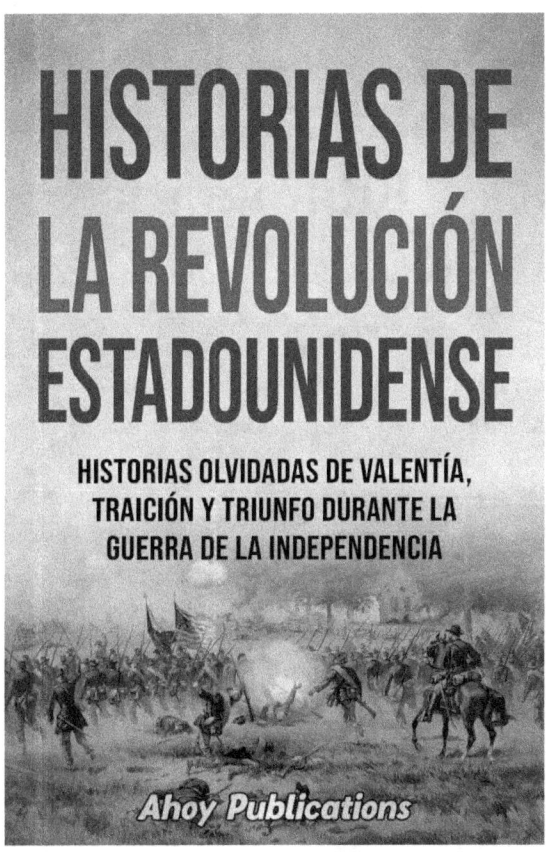

HISTORIAS DE LA REVOLUCIÓN ESTADOUNIDENSE

HISTORIAS OLVIDADAS DE VALENTÍA, TRAICIÓN Y TRIUNFO DURANTE LA GUERRA DE LA INDEPENDENCIA

Ahoy Publications

Bibliografía

Allison, Robert. *The American Revolution: A Concise History*. Oxford UP, 2011.

Anderson, Fred. *The War That Made America: A Short History of the French and Indian War*. Penguin, 2006.

Bapat, Navin A. *Monsters to Destroy: Understanding the War on Terror*. Oxford UP, USA, 2019.

Bernstein, Carl, and Bob Woodward. *All the President's Men*. Simon & Schuster, 1974.

Brands, H. W. *Reagan: The Life*. Anchor, 2016.

Bullard, Sara. *Free at Last: A History of the Civil Rights Movement and Those Who Died in the Struggle*. Oxford UP, USA, 1994.

Burgan, Michael. *The Great Depression: An Interactive History Adventure*. Capstone, 2011.

Cashman, Sean D. *America in the Gilded Age: From the Death of Lincoln to the Rise of Theodore Roosevelt*. NYU P, 1993.

Cave, Alfred A. *The Pequot War*. 1996.

Charles River Charles River Editors. *The Election of 1828: The History of the Race Between Andrew Jackson and John Quincy Adams That Ended the Era of Good Feelings*. Createspace Independent Publishing Platform, 2018.

Chernow, Ron. *Washington: A Life*. Penguin UK, 2010.

Conti-Brown, Peter. *The Power and Independence of the Federal Reserve*. Princeton UP, 2017.

Cringely, Robert. *The Decline and Fall of IBM: End of an American Icon?* Nerdtv, LLC, 2014.

Detzer, David. *Allegiance: Fort Sumter, Charleston, and the Beginning of the Civil War*. Houghton Mifflin Harcourt, 2002.

DuBois, Ellen C. *Suffrage: Women's Long Battle for the Vote*. Simon & Schuster, 2021.

Fitzgerald, Brian. *The Korean War: America's Forgotten War*. Capstone, 2006.

Foer, Franklin. *The Last Politician: Inside Joe Biden's White House and the Struggle for America's Future*. Penguin, 2023.

Foner, Eric. *Reconstruction: America's Unfinished Revolution, 1863-1877*. HarperCollins, 2011.

Friedman, Jeffrey. *What Caused the Financial Crisis*. U of Pennsylvania P, 2011.

Gaddis, John L. *The Cold War: A New History*. Penguin, 2006.

Gitlin, Marty. *Brown v. Board of Education*. ABDO, 2007.

Glaser, Jason. *John Brown's Raid on Harpers Ferry*. Capstone, 2006.

Goodwin, Doris K. *Team of Rivals: The Political Genius of Abraham Lincoln*. Penguin UK, 2009.

Gordon, Michael R., and Bernard E. Trainor. *The Generals' War: The Inside Story of the First Gulf War*. Atlantic, 2006.

Gray, Derek. *NAACP in Washington, D.C.: From Jim Crow to Home Rule*. American Heritage, 2022.

Gray, Edward G., and Jane Kamensky. *The Oxford Handbook of the American Revolution*. Oxford UP, 2015.

Gunderson, Jessica. *The Triangle Shirtwaist Factory Fire*. Capstone, 2006.

Guttenberg, Fred, and Thomas Gabor. *American Carnage: Shattering the Myths That Fuel Gun Violence*. Mango Media, 2023.

Hankins, Barry. *The Second Great Awakening and the Transcendentalists*. Greenwood, 2004.

Harris, Duchess, and Bonnie Hinman. *The Freedmen's Bureau*. ABDO, 2019.

Haskew, Michael E. *Appomattox: The Last Days of Robert E. Lee's Army of Northern Virginia*. Zenith P, 2015.

Hinderaker, Eric. *Boston's Massacre*. Harvard UP, 2017.

Hinman, Bonnie. *The Massachusetts Bay Colony: The Puritans Arrive from England*. Mitchell Lane Publishers, 2010.

Hinton, KaaVonia. *To Preserve the Union: Causes and Effects of the Missouri Compromise*. Capstone, 2013.

Jr., Frank E., and Daniel B. Smith. *Jamestown Colony: A Political, Social, and Cultural History.* Bloomsbury Publishing USA, 2007.

Karnow, Stanley. *Vietnam: A History.* Penguin, 1997.

Leuchtenburg, William E. *Franklin D. Roosevelt and the New Deal: 1932-1940.* Harper Perennial, 2009.

McCullough, David. *The Path Between the Seas: The Creation of the Panama Canal, 1870-1914.* Simon & Schuster, 2001.

McCullough, David. *Truman.* Simon & Schuster, 2003.

McDonald, Allan J. *Truth, Lies, and O-Rings: Inside the Space Shuttle Challenger Disaster.* UP of Florida, 2012.

McMillen, Sally. *Seneca Falls and the Origins of the Women's Rights Movement.* Oxford UP, 2009.

McPherson, James M. *Battle Cry of Freedom: The Civil War Era.* Oxford UP, 2003.

Merry, Robert W. *A Country of Vast Designs: James K. Polk, the Mexican War and the Conquest of the American Continent.* Simon & Schuster, 2010.

Messerli, Jonathan. *Horace Mann: A Biography.* Knopf, 1972 [c1971], 1972.

Meyer, G. J. *The World Remade: America in World War I.* Bantam, 2018.

Michel, Lou, and Dan Herbeck. *American Terrorist: Timothy McVeigh & the Tragedy at Oklahoma City.* Harper, 2002.

Miller, Nathan. *New World Coming: The 1920s and the Making of Modern America.* Simon & Schuster, 2010.

Montgomery, Dennis. *1607: Jamestown and the New World.* Rowman & Littlefield Publishers, 2007.

Morris, Edmund. *The Rise of Theodore Roosevelt.* Modern Library, 2010.

Murray, Charles A., and Catherine B. Cox. *Apollo.* 2004.

Musicant, Ivan. *Empire by Default: The Spanish-American War and the Dawn of the American Century.* Owl Books, 2008.

Nelson, Michael, et al. *42: Inside the Presidency of Bill Clinton.* Cornell UP, 2016.

Otis, D. S. *The Dawes Act and the Allotment of Indian Lands.* U of Oklahoma P, 2014.

Painter, Nell I. *Standing at Armageddon: A Grassroots History of the Progressive Era.* W. W. Norton & Company, 2011.

Polmar, Norman, and John D. Gresham. *DEFCON-2: Standing on the Brink of Nuclear War During the Cuban Missile Crisis.* 2006.

Rhodes, Richard. *Arsenals of Folly: The Making of the Nuclear Arms Race.* Vintage, 2008.

Ross, John F. *Enduring Courage: Ace Pilot Eddie Rickenbacker and the Dawn of the Age of Speed.* Macmillan, 2014.

Sarotte, Mary E. *1989: The Struggle to Create Post-Cold War Europe - Updated Edition.* Princeton UP, 2014.

Saunt, Claudio. *Unworthy Republic: The Dispossession of Native Americans and the Road to Indian Territory.* W. W. Norton & Company, 2020.

Schermerhorn, Calvin. *Unrequited Toil: A History of United States Slavery.* Cambridge UP, 2018.

Schultz, Eric B., and Michael J. Tougias. *King Philip's War: The History and Legacy of America's Forgotten Conflict.* The Countryman P, 2000.

Sexton, Jay. *The Monroe Doctrine: Empire and Nation in Nineteenth-Century America.* Hill and Wang, 2011.

Steinhauer, Jason. *History, Disrupted: How Social Media and the World Wide Web Have Changed the Past.* Springer Nature, 2021.

Stewart, David O. *The Summer of 1787: The Men Who Invented the Constitution.* Simon & Schuster, 2008.

Stewart, James B. *Holy Warriors: The Abolitionists and American Slavery.* Macmillan, 1996.

Stick, David. *Roanoke Island: The Beginnings of English America.* UNC P Books, 2015.

Stowell, David O. *Streets, Railroads, and the Great Strike of 1877.* U of Chicago P, 1999.

Tuchman, Barbara W. *The Guns of August: The Outbreak of World War I; Barbara W. Tuchman's Great War Series.* Random House, 2009.

Wallace-Wells, David. *The Uninhabitable Earth: Life After Warming.* Crown, 2020.

Washburn, Wilcomb E. *The Governor and the Rebel: A History of Bacon's Rebellion in Virginia.* UNC P Books, 2018.

Weinberg, Gerhard L. *A World at Arms: A Global History of World War II.* Cambridge UP, 2005.

Whiting, Jim. *The Maryland Colony: Lord Baltimore.* Mitchell Lane Publishers, 2010.

Wood, Gordon S. *The Radicalism of the American Revolution.* Knopf, 1992.

Woodward, Bob. *Fear: Trump in the White House.* Simon & Schuster, 2018.

Wright, Lawrence. *The Looming Tower: Al-Qaeda and the Road to 9/11.* Vintage, 2018.

Yero, Judith L. *The Mayflower Compact.* National Geographic Books, 2006.

Zelizer, Julian. *The Presidency of Barack Obama: A First Historical Assessment.* Princeton UP, 2018.